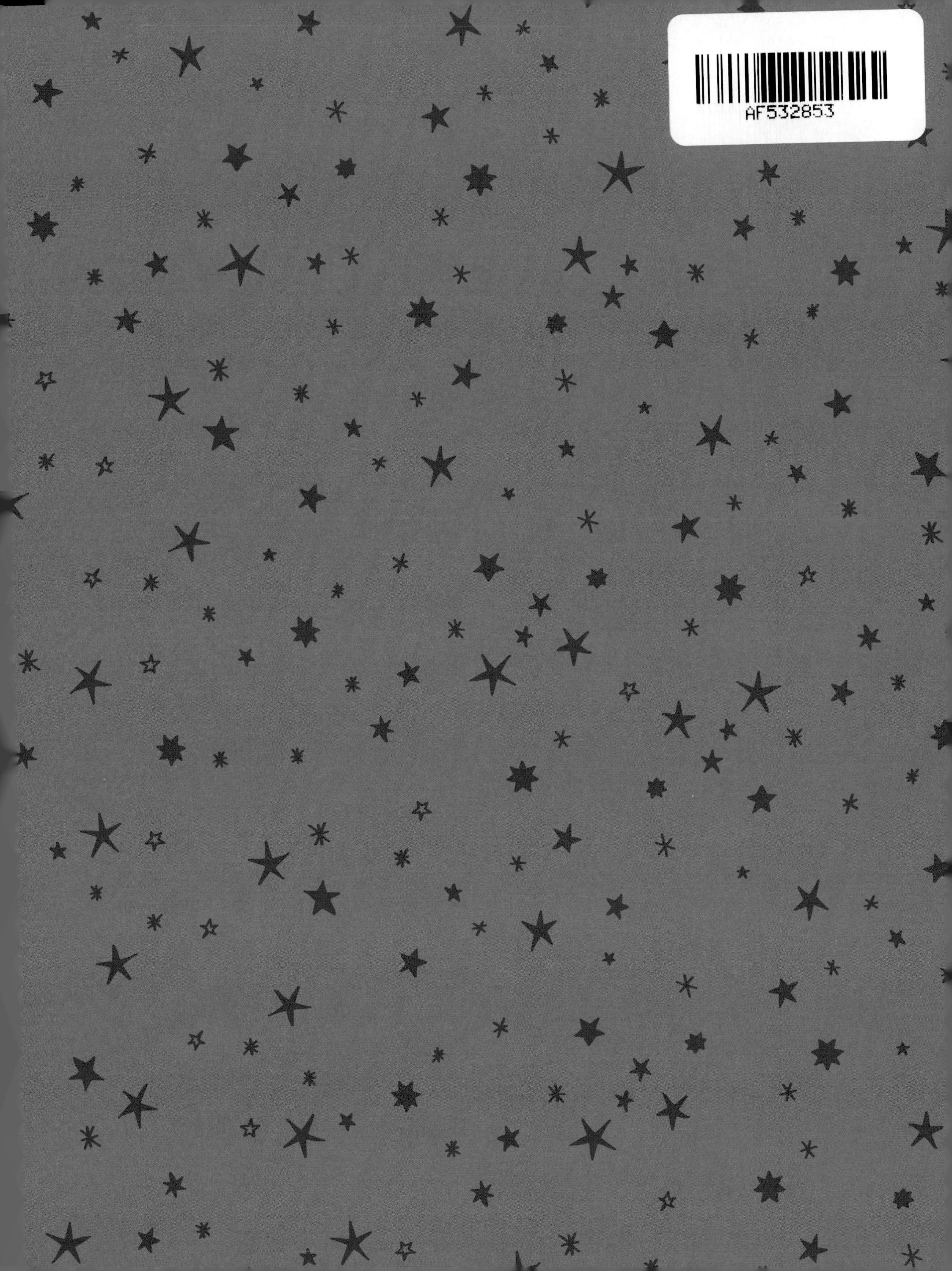

Krippe selber machen: Seite heraustrennen oder kopieren, auf einen dünnen Karton kleben und Krippenfiguren ausschneiden.

MARLENE LOBIS ✱ SÜDTIROLER WEIHNACHT

Ganz besonders in einer zeit

Ganz besonders in einer zeit, in der die erde immer schneller und mit wachsendem getöse sich dreht und so immer mehr leben außer atem kommt oder unter die beschleunigten räder des fort-schritts gerät; ganz besonders in einer welt, in der der frieden sich wieder vor dem kriege duckt, wünsche ich Ihnen – von ganzem herzen – eine stille, eine besinnliche, eine im innehalten sich übende weihnachtszeit; und daß der frieden doch wächst, wie nach der wintersonnenwende wunderbar wieder die wärme, das licht.

Josef Oberhollenzer

Marlene Lobis

43 Tage mit Bräuchen, Rezepten und Geschichten

Folio Verlag

Unsere Weihnacht: von Kathrein bis Dreikönig

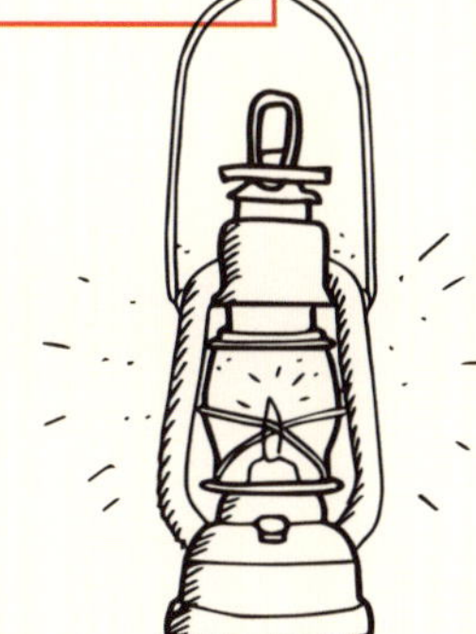

Südtiroler Weihnacht

Besinnlich, hektisch, sakral, kommerziell, magisch oder kitschig? Kein Fest im Jahreskreis ist mit derart vielen Zuschreibungen, Erwartungen und Ansprüchen (an uns selbst und andere) verbunden wie das Weihnachtsfest. Weihnachten ist seit jeher ein Fest der Widersprüche: Für unsere Vorfahren war die Weihnachtszeit eine Zeit der Stille, Dunkelheit und Angst vor dem Übersinnlichen, während wir es heute oft nur mit Mühe schaffen, im Trubel der Vorweihnachtszeit wirklich „besinnliche" Momente zu finden.

Dieses Buch begleitet Sie Tag für Tag durch die Weihnachtszeit: mit überraschenden Einblicken und den historischen Hintergründen der vielfältigen Advents- und Weihnachtsbräuche, mit einfachen Rezepten und Bastelanleitungen sowie mit kleinen Inspirationen zum Schaffen eigener Rituale während dieser besonderen Zeit – schließlich bedeutet Weihnachten für jede und jeden von uns etwas anderes.

Ich wünsche Ihnen viel Freude!

Marlene Lobis

25

NOVEMBER
Kathrein

Kathrein stellt den Tanz ein

HL. KATHARINA

Zu Kathrein ruhten früher Spinnräder, Mühlräder und alle anderen Räder, weil der Legende nach Katharina aufgrund ihres Glaubens gerädert werden sollte. Als Katharina ein Kreuz über das Rad machte, zerbrach dieses. Katharina von Alexandrien ist u. a. die Patronin der Philosophierenden, Studierenden, Eheleute, Wagner, Spinnerinnen und Müller.

Der Kathreintag als Zäsur und Zeitenwende im Vorwinter kann uns auch heute daran erinnern, dass wir uns jetzt zurückziehen und unsere Kräfte schonen dürfen, ganz so, wie es die Natur tut.
Ab Kathrein darf sozusagen das eigene innere Hamsterrad ruhen und kann das geschäftige „Draußen" ab und zu bewusst ausgesperrt werden – Sie bestimmen das Maß an „Besinnlichkeit".

DER KATHREINTAG läutet die „stille Zeit" ein. Vermutlich ging es gerade deshalb in der Woche davor besonders laut und gesellig her: Die *Kathreintänze* am 25. November oder am Samstag vor Kathrein waren die letzten öffentlichen Tanzfeste. Noch zu Beginn des 20. Jahrhunderts war der Spätherbst die beliebteste Zeit für Hochzeiten, bis es hieß: „Kathrein stellt den Tanz ein" und „Kathrein schließt Geige und Bass ein". Der Grund: Der Advent war bis 1917 eine Fastenzeit. Während dieser „geschlossenen Zeit" verbot das Kirchengesetz Hochzeiten und Tanzveranstaltungen. Noch heute treffen sich alljährlich Ende November Südtiroler Volkstanzgruppen zum Landes-Kathrein-Tanzfest im Meraner Kursaal – ein quirliges und buntes Spektakel!
Im bäuerlichen Jahreskreis markiert der Gedenktag der hl. Katharina von Alexandrien einen wichtigen Wendepunkt: Die Arbeit draußen auf den Äckern und Feldern war getan, die Ernte eingebracht. Dies wird auch in den Bauernregeln deutlich: „Zu Kathrein sperrt der Bauer Pflug und Tanz ein" oder „Kathrein tut di Küh' ein", der Tag galt als spätester Termin für die Viehweide. Die Geschäftigkeit auf dem Hof ließ nach, und das Leben verlagerte sich nach drinnen. Die Spinnräder wurden vom Dachboden in die Stube geholt, in der Werkstatt das Werkzeug repariert, Stricken und andere Handarbeiten sowie die Holzarbeit bestimmten den Alltag. Man hatte aber auch Zeit zum Kartenspielen, Miteinandersingen und zum Geschichtenerzählen – Zeit, die wir uns heute nur noch selten nehmen.

26

NOVEMBER

Ein Kranz als Zeitmesser

In Anlehnung an die katholische Liturgie sind die Adventskränze in den Kirchen oft mit drei violetten und einer rosa Kerze geschmückt; Letztere wird am dritten Adventssonntag, dem sogenannten Gaudete-Sonntag (*gaudete* – freuet euch!), entzündet, als Symbol der Vorfreude auf das nahende Hochfest. In Südtirol sind rote Kerzen und Schleifen am Adventskranz Tradition, mittlerweile gibt es aber unzählige Varianten des Brauchs.

Eine moderne Alternative ist der Original Bozner Weihnachtsstrauß (im Bild) der Gärtnerei Schullian, Bozen: Dabei treffen Olivenzweige auf Latschenkiefer, Orange auf Apfel, Mediterranes auf Tiroler Tradition – ein Weihnachtssymbol der Stadt am Schnittpunkt zweier Kulturen.

„WANN KOMMT endlich das Christkind?", fragen Kinder ungeduldig, kaum dass die Adventszeit und die Weihnachtsvorbereitungen begonnen haben. Ein Adventskranz kann die Wartezeit besser fassbar machen. Er geht auf den evangelischen Theologen Johann Hinrich Wichern zurück. Der Sozialpionier gründete 1833 in einem Vorort von Hamburg ein Heim für Kinder und Jugendliche aus schwierigen Verhältnissen, das „Rauhe Haus". Bestimmt warteten die Kinder dort ebenso ungeduldig auf Weihnachten wie die Kids unserer Tage. Deshalb ließ der kluge Pädagoge 1839 erstmals ein hölzernes Wagenrad mit knapp zwei Metern Durchmesser im Betsaal aufhängen – geschmückt mit vier großen weißen Kerzen für die Adventssonntage und kleinen roten Kerzen für die Wochentage. Nun konnten die Kinder allabendlich die verbleibenden Tage bis Weihnachten zählen. Im Laufe der Zeit wurde der Holzreifen mit Tannenzweigen dekoriert und nur mehr mit vier Kerzen für die Adventssonntage verziert. Der Adventskranz ist heute ein fester Bestandteil der Südtiroler Adventszeit, dabei ist er hierzulande gar nicht so lange bekannt. Katholiken lernten den protestantischen Brauch erst in den Kriegslazaretten kennen, nach dem Ersten Weltkrieg verbreitete sich der Adventskranz rasch als überkonfessionelle und neue Mode in der bürgerlichen Mittel- und Oberschicht. In der Zwischenkriegszeit, ungefähr um 1935, erreichte die Tradition auch Südtirol, allerdings war der Adventskranz zunächst nur beim gehobenen Bürgertum oder in Kirchen im Einsatz. Ausgehend von den Kindergärten und Schulen fand der Adventskranz schließlich in den 1960er-Jahren auch seinen Weg in die Südtiroler Bauernstuben.

Adventskranz selber machen

Das Binden des Adventskranzes ist eine meditative Einstimmung auf die Adventszeit. Viele Gärtnereien und Floristen bieten in dieser Zeit die dafür passenden Tannen-, Fichten- oder sonstigen Nadelzweige an, die zudem einen herrlichen Waldduft in die eigene Wohnung tragen. Einzelne Gärtnereien machen entsprechende Workshops oder bieten vor Ort einen Bastelplatz und das Material zum Adventskranzbinden an.

WAS ES DAZU BRAUCHT

- frische Tannen- oder andere Nadelzweige
- Strohkranz
- grünen Basteldraht und Zange
- Gartenschere
- 4 Kerzen
- 4 Kerzenhalter oder Drahtstifte
- evtl. weiteres Dekomaterial wie Schleifenbänder, Engelshaar, Zimtstangen, Weihnachtskugeln, Zapfen oder getrocknete Beeren

SCHRITT 1: ZWEIGE VORBEREITEN

Die Zweigspitzen unterhalb der Gabelungen auf etwa 10–15 cm Länge zuschneiden. Nur die schönen Spitzen der Ästchen behalten. Je länger die Zweigstücke sind, desto buschiger wird der Kranz.

SCHRITT 2: KRANZ BINDEN

Den Draht zuerst doppelt um den Strohkranz wickeln und das Drahtende gut daran befestigen bzw. zusammendrehen. Aus 3 oder 4 Zweigstücken kleine Büschel bilden, der Reihe nach rund um den Kranz anlegen und mit dem Draht fixieren. Durch das spiralförmige Anbringen der Büschel am Kranz wird dieser vollständig mit den Zweigen bedeckt. Dabei darauf achten, dass die neuen Büschel sowohl die Stiele der vorigen als auch den Draht gut verdecken, wie bei einem Schuppenmuster. Die Stiele der letzten Zweigbüschel unter die Zweigspitzen der ersten Büschel verstecken. Schließlich den Draht abschneiden und an der Innenseite des Kranzes fixieren.

SCHRITT 3: KERZEN ANBRINGEN

Gut als Kerzenhalter eignen sich dicke, 5–10 cm lange Drahtstücke (je nach Größe des Kranzes und der Kerzen). Ein Drahtende mit dem Feuerzeug erwärmen und mithilfe einer Zange in die Unterseite der Kerze stecken. Das aus der Kerze ragende andere Drahtende in den Kranz stecken. Unbedingt darauf achten, dass die Kerze wirklich festsitzt, bei größeren Kerzen mehrere Drahtstifte pro Kerze verwenden.

SCHRITT 4: DEKORATION

Schließlich den Kranz ganz nach dem eigenen Geschmack verzieren. Traditionelle Südtiroler Adventskränze tragen rote Schleifen. Aber auch kleine „Tschurtschen“ (Zapfen), Hagebutten, Berberitzen, Sterne aus Baumrinde oder Christbaumkugeln sind beliebte Schmuckelemente für Adventskränze.

27
NOVEMBER

Advent, Advent, *a Liacht'l* brennt

Das Anzünden der Kerzen am Adventskranz ist ein schönes Ritual und lädt dazu ein, uns Zeit für Familie, Freunde oder uns selbst zu gönnen. Wie wäre es mit einem Brettspiel, einem guten Buch oder einem Telefongespräch mit lieben Menschen, die man lange nicht mehr gesehen hat?

DIE LICHTER am Adventskranz haben – unabhängig davon, ob wir gläubig sind oder nicht – in der dunklen Zeit etwas Tröstliches, Behagliches. Tannengrün bzw. grüne Zweige sind seit der Antike Symbole der Hoffnung und jeden Sonntag wird eine weitere der insgesamt vier Kerzen entzündet: Christen weist der Adventskranz den Weg von der Finsternis hin zur Erleuchtung, der Geburt Jesu Christi.

Der Adventskalender versüßt den Kindern ab dem 1. Dezember die Wartezeit auf Weihnachten, der Adventskranz hingegen ist das leuchtende Symbol der Vorfreude – und stellt sozusagen den religiösen Countdown vom ersten Adventssonntag bis zum Weihnachtsfest dar. Während sich aber im Adventskalender alljährlich gleichbleibend 24 Überraschungen hinter 24 Türchen verstecken, variiert die Länge der Adventszeit je nachdem, auf welchen Wochentag der 25. Dezember fällt. Der erste Adventssonntag als Auftakt des Advents kann frühestens auf den 27. November fallen, spätestens auf den 3. Dezember, wobei dann der vierte Adventssonntag gleichzeitig Heiligabend ist.

An den vier Adventssonntagen, mitunter auch wochentags, ist es in vielen Südtiroler Familien eine beliebte Tradition, die Lichter am Adventskranz anzuzünden, wenn es draußen dunkel wird. Dann werden Weihnachtsgeschichten vorgelesen, es wird gemeinsam gebetet (das wird allerdings immer seltener) oder die Krippe vorbereitet.

Die stillste Zeit?

28

NOVEMBER

DER ADVENT (lat. *adventus domini* – Ankunft des Herrn) ist die Zeit des Wartens und der Vorbereitung auf Weihnachten. Die Geburt Christi ist eines der wichtigsten Ereignisse des christlichen Glaubens, da überrascht es nicht, dass bereits im 5. Jahrhundert die Vorstellung reifte, man solle sich auf dieses Hochfest über mehrere Wochen lang gebührend vorbereiten. Im Jahr 604 legte Papst Gregor der Große für Rom vier Adventssonntage fest, erst nach dem Konzil von Trient (16. Jh.) wurde dies für die gesamte katholische Kirche verpflichtend. Heute verraten nur noch die violetten Messgewänder, dass der Advent früher neben der österlichen Fastenzeit ebenfalls eine „geschlossene Zeit“, also eine Buß- und Fastenzeit war. Es galt, sich beim Essen zurückzuhalten, zu beten und gute Werke zu verrichten, Tanzveranstaltungen und das Musizieren in Gasthäusern waren untersagt. Seit 1917 ist der Advent keine Fastenzeit mehr, auf manchen Südtiroler Bergbauernhöfen wurde der vorweihnachtliche Verzicht allerdings länger gehalten.

Stress im Advent? Das gab es früher nicht – Weihnachten war lange kein Schenkfest, sondern wurde ausschließlich als kirchliches Hochfest gefeiert. Morgendliche Roratemessen (→ 1. Dezember) und das Basteln an der Krippe, Heimarbeiten wie Spinnen oder Klöppeln und die Holzarbeit prägten den Advent in Südtirol. Vieles vom heutigen Adventsbrauchtum kam erst Ende des 19. bis Mitte des 20. Jahrhunderts auf. So war der Advent früher wohl tatsächlich eine ruhigere Zeit als der Rest des Jahres, was ihm den Zusatz „stillste Zeit des Jahres“ einbrachte.

Auch wenn wir die Adventszeit nicht mehr so begehen wie unsere Vorfahren und der Dezember für viele von uns zu den hektischsten Monaten des Jahres zählt, ist sie eine gute Gelegenheit, uns zu besinnen. Wir können bewusst die Stille suchen und uns auch mal den an uns herangetragenen Ansprüchen verweigern, Momente der Ruhe schaffen – gemeinsam mit unseren Lieben oder für uns allein.

29 NOVEMBER

Aufmerksamkeiten von unbekannt

In vielen Familien kommt *Engele-Bengele* bei der weihnachtlichen Bescherung unter den Erwachsenen zum Einsatz: Jedes Familienmitglied schenkt und erhält somit nur ein Geschenk. Mancherorts müssen die *Bengelen* ihr Geschenk sogar noch im ganzen Haus suchen.

DAS ENGELE-BENGELE-SPIEL – die Südtiroler Variante des Wichtelns – ist in der Adventszeit ein beliebter Brauch. *Engele-Bengele* wird immer von einer Gruppe gespielt, etwa von Schulklassen und Kindergartengruppen, aber auch unter Arbeitskollegen, im Freundeskreis oder in der Familie. Dazu wird Ende November, Anfang Dezember erst mal ausgelost: Die Namen aller Teilnehmenden werden auf Zettelchen geschrieben, die Zettel in eine Schüssel gegeben und gemischt. Anschließend zieht jede und jeder einen Zettel und liest verdeckt, wer das eigene *Bengele* ist, wen man also als *Engele* beglücken darf. Diese Information bleibt geheim!
Im Laufe des Advents beschenkt das *Engele* mehrmals sein *Bengele* – und zwar so, dass das *Bengele* nicht erfährt, wer sein *Engele* ist. Deshalb werden die Geschenke häufig unauffällig in Zeitungspapier verpackt und tauchen auf geheimnisvolle Weise auf dem Schreibtisch oder in der Schultasche des *Bengeles* auf. Bei den Geschenken handelt es sich um kleine Aufmerksamkeiten, bei Kindern beispielsweise Malstifte oder Sticker. Erwachsene vereinbaren häufig vor dem Auslosen ein Kostenlimit der Geschenke. Es geht schließlich nicht um den materiellen Wert, sondern um die Originalität des Geschenks und um die Kenntnis der Vorlieben der zu Beschenkenden.
Erst kurz vor Weihnachten offenbart das *Engele* dem *Bengele* seine Identität, üblicherweise bei der Übergabe des letzten Geschenks. Manchmal bleiben die Schenkenden auch anonym und das *Bengele* kann raten, wer aus der Gruppe sein *Engele* ist.

30

NOVEMBER
Andreas

Himmlische Heiratsvermittlung

HL. ANDREAS
Der Apostel gilt als bedeutender Heiliger und ist Schutzpatron der Liebenden und des Ehestandes, der Fischer, Metzger, Seilmacher und Wasserträger. Da er der Legende nach an einem x-förmigen Kreuz sein Martyrium erlitt, sind entsprechende Kreuze nach ihm benannt. Andreaskreuze stehen als Warnzeichen an Bahnübergängen.

ST. ANDREAS steht an der Schwelle zur vierwöchigen Adventszeit, die Nächte werden immer dunkler und länger. Für unsere Vorfahren begann jetzt eine geheimnisvolle und auch beängstigende Zeit, in der es galt, Dämonen abzuwehren und Wintergeister zu besänftigen. Die Sehnsucht nach Licht und die Vorstellung, dass die Adventsnächte eine außergewöhnliche Kraft hätten, veranlasste die Menschen, sie für einen Blick in die Zukunft zu nutzen. Die schicksalshaften *Leaslnächte* (Losnächte, Lauschnächte; *losen* bedeutet im Dialekt hinhören, lauschen) begannen am Vorabend des Andreastags, der das Ende des alten Kirchenjahrs darstellt. Die Andreasnacht kann als Zäsur mit Silvester im Kalenderjahr verglichen werden, weil nach antiker Tradition ein Festtag bereits bei Sonnenuntergang des vorigen Tages beginnt. Weitere wichtige *Leaslnächte* waren die Thomasnacht zur Wintersonnenwende, die Christnacht sowie die Neujahrsnacht am Ende des Kalenderjahres.
„Es sågg die Andreasnåcht, wås es Wetter und die Liab måcht“ (Die Andreasnacht verrät, wie Wetter und Liebe werden).
Da der Apostel Andreas als Vermittler in Liebesdingen gilt, wollten in der Andreasnacht vor allem die weiblichen Dienstboten ihr künftiges Los erfragen. In Tirol war das Bleigießen verbreitet. Dabei wurde zwischen elf und zwölf Uhr nachts geschmolzenes Blei in kaltes Wasser gegossen und aus der erstarrten Form das Handwerk des Bräutigams erschlossen.
Für die Armen des Wipptals und seiner Seitentäler war der Andreastag aus einem anderen Grund wichtig: An diesem Bauernfeiertag durften sie zu den Bauernhöfen gehen und um das *Andreas-Troad* (Getreide) bitten, ein Erntetribut.

Der Schlern von Seis aus gesehen ↓

1
DEZEMBER

Warten auf das Licht

Heilig-Geist-Kapelle, Kasern ↓

Sich zu Fuß (statt mit dem Auto) zum Rorate aufzumachen und den Weg durch die Dunkelheit mit einer Laterne oder Taschenlampe zu machen, ist eine beruhigende Einstimmung auf die Messe und hat etwas Mystisches. Und wer nicht in die Kirche mag: Ein morgendlicher oder abendlicher Spaziergang in der Dunkelheit und durch die Schneelandschaft ist allemal ein beseelendes, durchaus romantisches Erlebnis – danach schmeckt das Frühstück oder ein Tee zu Hause umso besser.

IN ALLER Herrgottsfrüh schon tönte die große Kirchenglocke. Der Vater stapfte voraus durch den nächtlichen Schnee und bahnte den Weg für die ihm folgende Familie. Hintereinander marschierten alle im Licht der Laterne oder der Kienspäne (*Kentl*, *Buchtl*) in Richtung Kirche. Alle, die nicht zu gebrechlich waren, wenigstens aber ein Familienmitglied aus jedem Haus, sollten beim *Rorate* zugegen sein, denn das *güldene Amt* oder *Engelamt* versprach besonderen Segen. So strebten frühmorgens aus verstreuten Häusern und Gehöften kleine Lichterprozessionen auf eine gemeinsame Mitte zu. Die Messe wurde im Schein der Kerzen gefeiert …
Wenn ältere Südtiroler*innen von ihrer Kindheit erzählen, taucht häufig dieser Kirchgang zu ungewohnter Stunde als Inbegriff eines besinnlichen Advents auf – selbst wenn das eine Stunde Fußmarsch durch Schnee und Kälte voraussetzte auf mitunter gefahrvollen Wegen.
Bis vor rund 100 Jahren war in den ländlichen Gegenden Südtirols hauptsächlich der Besuch des Rorate typisch für die Adventszeit. Die Bezeichnung stammt vom Kirchenlied „Rorate coeli desuper“ („Tauet, ihr Himmel, von oben“), mit dem die Messe beginnt. Die Votivmessen zu Ehren Mariens waren ursprünglich nur an den Adventssamstagen vorgesehen, wurden aufgrund ihrer Beliebtheit dann vielerorts auch an Wochentagen gehalten. Das erste Adventsrorate in Südtirol wurde 1506 in Brixen gefeiert. Auch heute werden in Südtirols Kirchen die Rorate-Messen gefeiert, morgens oder abends, aber meist noch im Kerzenlicht – als Symbol für das Warten auf die Ankunft des Herrn.

2
DEZEMBER

Fest der Sinne

GESCHENKTIPPS

Im Naturshop der **Latschenölbrennerei Eschgfeller** im Sarntal finden Sie Latschenöl und andere ätherische Öle, Naturkosmetik, Zirbelkieferkissen und typische Sarner Produkte.

Beim **Bergila** in Pfalzen gibt es ätherische Öle, auch Latschenöl, Kräutertees, Tinkturen, Liköre, Naturkosmetik.

Sich in Düften betten: Zirbelkieferkissen und weitere Produkte mit Zirbelkiefer sowie Latschenöl bietet die **Barbianer Latschenölbrennerei** am Rasler Hof.

Bei **Adelheids Räucherwerke** in Naturns gibt es Räuchermischungen, Harze und Räuchergefäße.

AUCH WENN wir es meist nicht in Worte fassen können – manche Düfte katapultieren uns sofort in eine besondere Stimmung oder stimulieren eine Erinnerung. Die Südtiroler Weihnachtszeit prägt ein herrliches Bouquet an Wohlgerüchen: Sie riecht nach Tannenzweigen am Adventskranz, nach Zimtstangen und Glühwein, Mandarinen und Gewürznelken, die in Orangen stecken. Nach Kerzenwachs, frisch aufgebrühtem Kräutertee oder dem Latschenöl, das aus Duftlampen aufsteigt und sich wie Balsam auf die Atemwege legt. Charakteristisch sind auch feine Rauchnoten, wenn das Holz im Kachel- oder Bauernofen knistert, der Ofen behagliche Wärme ausstrahlt und die davor geschichteten Holzscheite den würzigen Geruch ihres Harzes freisetzen, des Waldweihrauchs.

Echter Weihrauch begegnet einem jetzt nicht nur in Kirchen, sondern auch in den Südtiroler Wohnungen. Besonders in der Zeit der Raunächte (→ 27. Dezember) wird mancherorts Weihrauch auf den Herd oder Weihrauchbrenner gelegt; der Duft schafft eine beruhigende, nahezu sakrale Atmosphäre und soll das Haus reinigen. Beim *Raachn gian* (→ 5. Jänner) werden oft noch Kräuter oder Wacholder in die Räuchermischung gegeben.

Und was wäre die Weihnachtszeit ohne den Duft von Lebkuchen, Zelten und Weihnachtskeksen mit Vanille, Zimt oder gerösteten Nüssen, der beim Backen das Haus erfüllt und dann in Keksdosen eingefangen wird? Zum krönenden Finale bringt der Weihnachtsbaum das Aroma des Waldes in die Stube und sorgt für wohlige Weihnachtsstimmung.

Der lauteste Brauch der stillen Zeit

DEZEMBER

IM BERGDORF Stilfs im oberen Vinschgau findet jedes Jahr im Advent der wohl ohrenbetäubendste Brauch statt, den es in Südtirol gibt: das *Klosn*. Unter Geschrei und rhythmischem Geschelle erscheinen pünktlich um 14 Uhr schaurige Gestalten am Berghang neben dem Dorfeingang, um durch die engen Gassen des einstigen Knappendorfs zu ziehen. Den Anfang bilden die *Scheller* oder *Esel* (im Bild). Sie tragen Gewänder aus bunten Stofffetzen, Stoffmasken mit langen roten Zungen und mehrere Kuhglocken um die Hüfte. Die *Esel* springen, ahmen Eselsgeschrei nach, wälzen sich am Boden und *zwickn* (kneifen) die Zuseher. Die *Klaubauf* sind teuflische Figuren mit kunstvoll geschnitzten Masken, in Tierfelle und lange Stofflumpen gehüllt. Mit ihren Ketten rasseln sie nicht nur, sondern *klaubm* (heben) auch Schaulustige hoch und wirbeln sie wild im Kreis. Dieses typische *Oklosn* ist eine spielerische Art der Abreibung.

Mitten durch das Getose der furchteinflößenden *Schiachn* (Hässlichen) schreiten die *Schianen* feierlich in Richtung Kirche: *Santa Klos*, der Nikolaus, und sein Gefolge, die *Weißen*. Um 17 Uhr treffen sich die *Klosr*, allesamt Stilfser Männer zwischen 14 und 60 Jahren, vor der Kirche, nehmen ihre Masken ab und beten gemeinsam das Angelusgebet – danach geht es lärmend weiter.

Das archaische Lärmritual stammt vermutlich aus vorchristlicher Zeit und könnte einst in den Raunächten stattgefunden haben. Mit der Christianisierung wurde der hl. Nikolaus in den Brauch integriert und der Termin in die Nähe des Nikolaustages verschoben.

Das *Klosn* findet alljährlich am ersten Samstag im Dezember statt. Der Nachmittagsumzug startet um 14 Uhr am Dorfeingang, der Nachtumzug um 20 Uhr am Dorfausgang.

4

DEZEMBER

Barbara

Das Blütenorakel

TRADITIONELL werden am Gedenktag der heiligen Barbara von einem Obstbaum, vorzugsweise Kirsche oder Apfel, winterkahle Zweige abgeschnitten und in der Stube in eine Vase gestellt. Nun beginnt die Zeit des Wartens: Spätestens am Heiligabend sollten sich die Knospen öffnen. Früher kam ein Blütenstrauß mitten im kargen Winter einem Wunder gleich – da überrascht es kaum, dass den sogenannten Barbarazweigen magische Kräfte zugesprochen wurden. Unseren Vorfahren dienten sie als Orakel: Trieben viele Blüten aus, versprach das eine gute Obsternte oder insgesamt ein fruchtbares, erntereiches Jahr. Heiratswillige nutzten mit Namen versehene Zweige als Liebesorakel: Der erste blühende Zweig deutete auf den Zukünftigen. Wenn aber Barbarazweige verkümmerten oder vertrockneten, galt dies als schlechtes Omen für das kommende Jahr.

Die Römer beschenkten sich zur Wintersonnenwende mit immergrünen Zweigen von Rosmarin oder Misteln als Symbol für die unvergängliche Kraft der Natur. In diesem Sinne symbolisieren auch die Barbarazweige Fruchtbarkeit und Lebenskraft, die sich auf die Menschen übertragen soll. Die zarten Blüten mitten im Winter verkörpern aber auch die unerschütterliche Hoffnung und sie stehen für die Geburt Christi gemäß dem Lied „Es ist ein Ros' entsprungen".

Der Legende nach lebte die hl. Barbara von Nikomedia um das Jahr 300. Nachdem sie zum Christentum übergetreten war, warf ihr Vater sie ins Gefängnis. Auf dem Weg dorthin verfing sich ein Kirschzweig in ihrem Kleid, den sie in ihrer Gefangenschaft wässerte. Am Tag der Hinrichtung erblühte der Kirschzweig.

Anregung für ein vorweihnachtliches Orakel: Jedes Familienmitglied schneidet einen Zweig ab, die Zweige werden mit Namensschildchen versehen und in eine Vase gestellt. Wessen Zweig bis Heiligabend zuerst erblüht, darf für das kommende Jahr besonderes Glück erhoffen.

Falls es vor dem Abschneiden der Barbarazweige noch keinen Frost gegeben hat, die Zweige über Nacht ins Tiefkühlfach legen, dann für einige Stunden in lauwarmes Wasser stellen – das täuscht den Knospen den Frühling vor. Anschließend die Zweige schräg anschneiden, an einen mäßig warmen Ort stellen und etwa alle drei Tage das Wasser wechseln.

5

DEZEMBER

Krampustag

Mit Hörnern, ID-Nummer und Technomusik

KUNSTVOLL handgeschnitzte Holzmasken mit Hörnern, zottelige Kostüme, Schellen und rasselnde Ketten – der *Krampus* als furchteinflößender Begleiter des Nikolaus ist ein Kinderschreck und lässt auch Erwachsene nicht kalt. Und dennoch ist die Faszination für diese finsteren Gestalten groß, Menschen glaubten zu allen Zeiten an übernatürliche Kräfte, Geister und Dämonen. Aus diesem uralten Gedankengut ist, gepaart mit den Nikolausspielen sowie den Perchtenläufen in den Raunächten (→ 27. Dezember), die Figur des Krampus entstanden. Bei Nikolausbräuchen wirken seit dem Mittelalter auch der Tod und andere furchteinflößende, teufelsähnliche Figuren mit, neben denen der Heilige umso heller strahlen kann. Zur Zeit der Inquisition wird die Darstellung des Teufels aber bei Todesstrafe verboten, erst im 19. Jahrhundert tauchen *Tuifl*, *Klaubauf* und *Krampus* allmählich wieder auf. „Wenn du nicht brav bist, holt dich der Krampus!“, diese Warnung haben Generationen von Südtirolern in ihrer Kindheit gehört. Beim *Einkehrbrauch* des hl. Nikolaus hatte der Krampus die Rolle des Bestrafenden, er drohte den weniger braven Kindern mit rasselnden Ketten, Rutenhieben und der Höllenfahrt. Mittlerweile hat der Krampus ein Eigenleben entwickelt, im gesamten Alpenraum gibt es im Advent große Krampus-Events. Beim ältesten und größten Umzug Südtirols in Toblach laufen rund 600 Krampusse und Perchten mit, bengalische Feuer und Technomusik heizen die Stimmung auf. Die Krampusläufe, bei denen auch der hl. Nikolaus präsent ist, sind ein eindrückliches Beispiel dafür, wie Bräuche sich verändern und dem jeweiligen Zeitgeist angepasst werden.

In Südtirol gibt es im Advent neben kleineren Umzügen jährlich fünf bis sechs große Krampusläufe. Die Läufe in Toblach (seit 1996) und Sexten finden jährlich statt, Natz-Schabs und Kastelruth, Tartscher Pichl und Latsch, Bruneck und Sand in Taufers wechseln einander ab. Damit es keiner zu wild treibt, trägt jeder Krampus zu seiner Identifizierung eine Nummer. Bei vielen Läufen gibt es mittlerweile eine „krampusfreie Zone“.

Insbesondere das Ahrntal ist für kunstvoll geschnitzte Krampusmasken bekannt. Nachdem das Bergwerk Prettau 1893 geschlossen wurde, setzten viele Ahrntaler auf das Schnitzhandwerk. Noch heute trifft man in jedem Dorf auf mindestens eine Schnitzwerkstatt. Das Krippenmuseum Maranatha in Luttach dokumentiert auch die Entwicklung der Maskenschnitzerei anhand zahlreicher Hexen- und Krampusmasken.

6

DEZEMBER

Nikolaus

Wegbereiter des Christkinds

HL. NIKOLAUS

Die Figur des hl. Nikolaus vereinigt zwei Persönlichkeiten; den Bischof von Myra, der im 4. Jahrhundert lebte, und den Abt Nikolaus, der im 6. Jahrhundert dem Kloster Sion vorstand und später Bischof von Pinara wurde.

Der Tag des hl. Nikolaus war jahrhundertelang der einzige Tag des Jahres, an dem die Kinder Geschenke erhielten, Weihnachtsgeschenke gab es nicht. Der Nikolaus ist somit der Vorläufer des Christkinds, das von Luther erdacht wurde (16. Jh.), um einen Gegenpart zum Nikolaus zu schaffen und Christi Geburt in den Mittelpunkt zu rücken. Vom protestantischen Norddeutschland (wo heute der Weihnachtsmann die Geschenke bringt) ausgehend verbreitete sich die Vorstellung des Christkinds um 1800 auch im Süden. Hierzulande löste das Christkind den Nikolaus als Gabenbringer erst Anfang des 20. Jahrhunderts ab.

SEINE MARKENZEICHEN sind der Bischofsstab und die Mitra, ein roter Mantel und ein langer weißer Bart: Am Abend des 5. Dezember oder an seinem Gedenktag, dem 6. Dezember, zieht der hl. Nikolaus mit seinem Gefolge durch die Südtiroler Dörfer, besucht Kindergärten und Altersheime und verteilt Nikolaussäckchen mit Erdnüssen, Mandarinen und Süßigkeiten. Seltener sind mittlerweile persönliche Hausbesuche.
Aber gerade dieser *Einkehrbrauch* hatte einst eine einprägsame erzieherische Wirkung: Geschenke gab es nur für brave Kinder, denn der Nikolaus hatte das *Goldene Buch* mit Notizen über deren Betragen. Andernfalls drohte sein gefürchteter Begleiter Knecht Ruprecht mit Rutenhieben oder damit, die Kinder in seinen Rückenkorb zu stecken und mitzunehmen. Im Laufe der Jahre wurde Knecht Ruprecht durch den *Krampus* ersetzt. Die Funktion von Nikolaus und Krampus als drastische Erziehungsmittel ist heute zum Glück out.
Das vielfältige Brauchtum rund um den Nikolaus, unter anderem Patron der Kinder und Studierenden, geht auf die Umzüge des sogenannten *Knabenbischofs* im Mittelalter zurück – eine Art Heischegang der Klosterschüler. Dabei durfte ein Schüler einen Tag lang das Kommando im Kloster übernehmen, sich als Bischof verkleiden und durch die Stadt schreiten. Ab 1500 wurde der Nikolaustag zum Schenkfest, die *Nikolausspiele* und der *Einlegebrauch* entstanden. Dabei stellten die Kinder am Vorabend des Nikolaustags Teller oder Schuhe hin, in die der Nikolaus über Nacht seine Gaben legte. In Südtirol war es üblich, auch ein wenig Heu für den Esel des Nikolaus und einen Schnaps für den Heiligen bereitzustellen.

7

DEZEMBER

Moralpredigt in der Stube

Das Pragser Nikolausspiel ist die älteste Volksschauspieltradition in Südtirol. Die älteste Schriftrolle stammt von 1794, vermutlich wurde das Stück aber schon früher aufgeführt.

PRAGS 1922: Eine Handvoll junger Leute verbringt einen geselligen Abend zu Hause auf dem Hanslerhof und stößt auf eine Truhe voll geschnitzter *Lårvn* (Masken) und alter Kostüme. Wofür die kunstvollen Masken dienen, wissen sie nicht. Doch einer im Tal, Johann Liegerer, erinnert sich an das letzte *Nigglasspiel* (Nikolausspiel) im Jahr 1880: Er hatte selbst mitgespielt. Liegerer bringt der begeisterten Jugend die Rollen bei und das Stubenspiel kommt nach langer Pause wieder zur Aufführung.

Verstellte

Seele

Luzifer

Esel

In den letzten Jahren werden auch in anderen Pustertaler Ortschaften die traditionellen Nikolausspiele, die Ende des 19. oder Anfang des 20. Jahrhunderts zum Erliegen kamen, wiederbelebt. So führt beispielsweise die Kassianibühne Percha ihr *Nigglasspiel* alle paar Jahre in den Wirtshäusern des Orts auf – wie früher als Stubenspiel, aber die ursprünglichen Figuren werden mit aktuellen Themen verknüpft.

Derzeit wird das Nikolausspiel in Prags etwa alle fünf bis sieben Jahre als Bühnenstück aufgeführt, noch immer nach einer Niederschrift von 1850 mit rund 1500 Versen. Die 42 Rollen reichen von *Kehraus*, *Tambour*, *Esel*, *Bauer*, *Schäfer*, *Bettler* und der *Seele* über die *Verstellten*, *Luzifer*, *Klaubau*, den *Belzebub* und mehrere *Teufel* mit originalen Holzmasken aus dem 19. Jahrhundert bis hin zum *hl. Nikolaus* samt Gefolge und dem *Tod*. Trotz Verboten und widriger Verhältnisse hat das Spiel sich bis heute erhalten. Im Jahr 1940, während der sogenannten Option in Südtirol, führte man es in der Annahme auf, diesen Brauch zum letzten Mal pflegen zu können.
Nikolausspiele mit ihrem reichen Figurenrepertoire sind eine dramatische Erweiterung des klassischen Nikolaus-Einkehrbrauchs. Bis Anfang des 20. Jahrhunderts waren sie im Pustertal ein fester Bestandteil des Adventsbrauchtums. Rund um den Nikolaustag zogen 20 bis 40 Laienschauspieler von Bauernhof zu Bauernhof oder Gasthaus und führten in dicht besetzten Stuben das Volksschauspiel auf. Das Stück war so konzipiert, dass die einzelnen *Nigglas-Spieler* nach ihrem Auftritt zum nächsten Hof weiterziehen konnten, während das Stück in der vorigen Stube weiterlief. Die zentrale Figur des hl. Nikolaus bringt als Symbol für den Gotteslohn seine Gaben, in den Spielszenen geht es zugespitzt um den Kampf zwischen Gut und Böse, die menschlichen Abgründe, den rechten Weg und die eigene Vergänglichkeit – im Grunde eine Mischung aus Frohbotschaft und dem Jedermann-Motiv.
Die Wurzeln der Nikolausspiele liegen in der Zeit der Gegenreformation (16.–17. Jh.). Die Jesuiten förderten sie als anschauliche Volksbelehrung und Vermittlung der christlichen Botschaft. In der Barockzeit erlebten die Spiele ihre Blüte, im 18. Jahrhundert gab es Nikolausspiele im gesamten Alpenraum. In Südtirol wurde der Brauch hauptsächlich im Ahrntal, rund um Bruneck und in Prags ausgeführt. Die Texte wurden jahrhundertelang mündlich überliefert, viele sind nur in Fragmenten erhalten. Neben den moralisierend-belehrenden Inhalten wurden die Nikolausspiele im Laufe der Zeit mit satirischen Elementen, Figuren aus dem bäuerlichen Alltag sowie ortsbezogenen Anpassungen angereichert, sodass sich die verschiedenen Nikolausspiele trotz identischer Kernaussage durchaus unterscheiden.

8

DEZEMBER

Maria Empfängnis

Zum Stibitzen gemacht

ER VERSETZT UNS sofort in eine wohlige Vorweihnachtsstimmung, der unverwechselbare Duft von *Vanillegipfelen*, der in unserer Kindheit an manchen Tagen im Advent das ganze Haus erfüllte. Zum gemeinsamen Keksebacken mit Mama, Oma oder der ganzen Familie gehörte das Teigkneten und -ausstechen für die *Spitzbuabm*, das akribische Formen der Kipferl-Halbmonde, das genussvolle Ausschlecken der Rührschüsseln und der erwartungsfrohe Blick durch das Fenster des Backofens. Zugegeben, hie und da haben wir Geschwister danach einen Keks aus der bunten Blechdose stibitzt – weil sie einfach so köstlich waren ... So oder so ähnlich sehen wohl bei vielen von uns die ersten und vielleicht auch schönsten Weihnachtserinnerungen aus.

Am 8. Dezember ist *Maria Empfängnis*, dieser Tag ist in Südtirol Feiertag. Ideal für das gemeinsame Backen von Weihnachtskeksen: eine wundervolle Tradition, die die Kindheit und Weihnachtszeit von Generationen geprägt hat und noch immer den Advent versüßt. Während es früher hauptsächlich Zelten, Stollen und Lebkuchen gab, scheint die Vielfalt des weihnachtlichen Gebäcks jetzt schier unendlich. Zu den begehrten Klassikern in Südtirol gehören aber nach wie vor die mit Marmelade gefüllten Spitzbuben und die zarten Vanillekipferl (Rezepte S. 39).

Kathis Spitzbuabm

Katharina Burgmann (Jahrgang 1929) arbeitete über 20 Jahre am Hiebler-Hof in Vierschach, wo meine Mutter aufgewachsen ist. Ihre Spitzbuben waren für uns als Kinder (und sind es noch heute …) der „heilige Gral" aller Weihnachtskekse, unsere Mutter musste sie wirklich sehr gut verstecken.

ZUTATEN

450 g Mehl
230 g Butter
190 g Zucker
1 Päckchen Vanillezucker
1 Päckchen Backpulver
2 Eidotter
ein bisschen Rum
etwas abgeriebene Zitronenschale
(evtl. ein Schuss Milch)

ZUBEREITUNG

Die Zutaten auf dem Brett gut verkneten und zugedeckt etwas rasten lassen. In der Zwischenzeit die Backbleche vorbereiten und den Ofen vorheizen. Dann den Teig dünn ausrollen und die Hälfte des Teiges mit der runden Keksform ausstechen, bei der Hälfte der Kekse ein Loch in der Mitte ausstechen. Bei 180 Grad für 5 bis 8 Minuten hell backen. Die Kekse auskühlen lassen. Die ringförmigen Kekse mit Staubzucker bestäuben. Dann jeweils einen der ganzen Kekse mit Marmelade bestreichen und einen der Ringe daraufsetzen.

Lindas Vanillegipfelen

Meine Taufpatin Rosalinde Lechner (Vierschach/Innichen) bäckt seit ihrer Konditorinnen-Lehre die Vanillekipferl nach ihrem damaligen Lehrmeister beim Stubenruß.

ZUTATEN

600 g Mehl
400 g Butter
200 g Zucker
100 g gemahlene Mandeln
Zum Wälzen: 100 g Zucker mit 1 Päckchen Vanillezucker vermischt

ZUBEREITUNG

Zutaten zügig zu einem Teig kneten, da er ansonsten bröselt. Teig zu einer Rolle formen und im Kühlschrank 1 Stunde rasten lassen. Von der Teigrolle kleine Stücke abschneiden und daraus die Kipferl formen. Bei 160 Grad 7 bis 10 Minuten hellbraun backen, etwas abkühlen lassen und dann noch warm im Zucker-Vanille-Gemisch wälzen.

Damit die Kekse lange frisch bleiben, nach dem Auskühlen in einer gut verschlossenen Keksdose dunkel und kühl aufbewahren. So bleiben sie für rund vier Wochen knusprig. Am besten ist es, jede Kekssorte einzeln aufzubewahren oder zumindest mit Backpapier zu trennen, damit ihr jeweiliges Aroma lange erhalten bleibt.

9

DEZEMBER

Liebes Christkind …

Auch wir Erwachsene könnten die Adventszeit nutzen, um uns unserer Herzenswünsche bewusst zu werden. Unsere Sehnsüchte aufzuschreiben, macht sie greifbarer – und dadurch möglicherweise aus eigener Kraft erfüllbar.

SOLL ES eine Puppe oder ein Traktor, ein Fahrrad oder eine Playstation sein? Das Schreiben des Wunschzettels wird von Kindern meist beherzt ausgeführt – schließlich soll das Christkind ja wissen, was man sich wünscht, und nicht völlig danebengreifen. Der Brief mit den Wünschen an das Christkind muss allerdings rechtzeitig verfasst werden; im Idealfall nach dem Anzünden der ersten Adventskerze, spätestens Mitte Dezember.

Eigentlich braucht es nur einen Stift und ein Blatt Papier. Besonders schön für die Kinder ist es jedoch, ein kleines Ritual rund um den Wunschzettel zu veranstalten, das die kindliche Faszination für das magische, engelsähnliche Christkind befeuert. Idealerweise wissen die Kinder schon ein paar Tage vorher, dass dieser „Termin" heranrückt, damit sie gut überlegen können. An einem Adventsabend werden dann die Kerzen am Adventskranz angezündet, Weihnachtsmusik aufgelegt und vielleicht gibt es einen Kakao und ein paar Kekse zur Stärkung. Kann ein Kind noch nicht schreiben, soll es seine Wünsche einfach malen – am besten lassen sich die Erwachsenen die Bilder anschließend erklären, um dem Christkind – falls nötig – bei der Interpretation helfen zu können.

Ist der Wunschzettel geschrieben, wird er auf die Fensterbank oder an einen anderen gut sichtbaren Ort gelegt, damit das Christkind oder einer seiner Helfer den Brief abholen können. Das kann natürlich etwas dauern, schließlich gibt es sehr viele Kinder …

Liebes Kristkind!

Ich wünsche mir zu Weinachten einen
Esel. (Weibchen)
Ich bzahle den lieben schönen
Esel auch mit meinem Geld!

Bitte schreibe mir zurück!

Zwischen Einkaufs-trubel und Glühwein-Heiterkeit

DEZEMBER

LICHTERGLANZ und Adventsmelodien, der Duft von Glühwein, Zimtstangen und frisch geschnitztem Holz, prächtige Schaukrippen, Märchenstunden und Kunsthandwerker, die sich bei ihrer Arbeit über die Schulter schauen lassen: Ein Bummel über einen der Südtiroler Christkindl- bzw. Weihnachtsmärkte ist dicht gepackt mit Sinneseindrücken, die ganz ins das Weihnachtsklischee passen. Viele Südtiroler*innen haben eine gespaltene Haltung zu den Weihnachtsmärkten im Land – zu touristisch, zu viele Leute, zu kitschig – und doch können die Märkte in Südtirol zweifelsohne als integraler Bestandteil der Weihnachtszeit bezeichnet werden. Zudem ist die Auswahl an Weihnachtsmärkten heute so groß, dass für jeden Geschmack etwas dabei ist, und wer die Wochenenden meidet oder die vielen kleineren Märkte besucht, kann tatsächlich einen besinnlichen Marktbesuch erleben. Von den Einheimischen werden vor allem die kulinarischen Stände für (vor)weihnachtliche Zusammenkünfte unter Freunden genutzt. An den Marktständen werden durchaus hochwertige Produkte angeboten, etwa filigrane Holzschnitzereien, handbemalte Christbaumkugeln und Weihnachtsdekoration, Schmuck, „Sarner Toppar“ (Hausschuhe aus Lodenstoff und Filz), Latschenöl und Naturkosmetik, die typischen „Mågenzuckerlen“ (Bonbons), Südtiroler Kräutertee, Zelten oder andere kulinarische Spezialitäten aus der Region, wie Speck, Wein oder Spirituosen.
Die ersten Märkte in Bozen und Brixen fanden 1991 statt und wurden rasch ein Anziehungspunkt für vor allem italienische Gäste, für die diese alpenländische Tradition mit bunten Lichtern, Kunsthandwerk und Apfelstrudel ein malerisches Faszinosum darstellt.

ORIGINAL SÜDTIROLER CHRISTKINDLMÄRKTE
(Ende November bis 6. Jänner)

Christkindlmarkt Bozen
am Waltherplatz, der erste und größte Weihnachtsmarkt Italiens

Weihnachtsmarkt Brixen
am Domplatz

Meraner Weihnacht
entlang der Passer vor dem Kurhaus

Christkindlmarkt Bruneck
in den charmanten Gassen der Altstadt

Sterzinger Glockenweihnacht in der Altstadt
unter dem Zwölferturm

KLEINERE WEIHNACHTSMÄRKTE IN DÖRFERN, AUF BURGEN, IN MITTELALTERLICHEN GASSEN ODER IM WINTERWALD

Tiroler Schlossadvent (im Bild)
an den beiden ersten Adventswochenenden im einmaligen Ambiente von Schloss Tirol

Weihnachtsmarkt Martell
auf 2.061 m im Stilfser-Joch-Nationalpark am ersten oder zweiten Adventswochenende – der höchste Weihnachtsmarkt der Alpen

Mittelalterliche Weihnacht
in Klausen mit Gauklern, Feuerschluckern und mittelalterlichen Klängen, Ende November bis Heiligabend

Rittner Christbahnl
an den Wochenenden von Ende November bis Ende Dezember in Oberbozen und Klobenstein bei den Bahnhöfen der geschichtsträchtigen Schmalspurbahn

AlpenAdvent Sarntal
an den vier Adventswochenenden, traditionelles Handwerk in den Gassen von Sarnthein

Glurnser Advent
am Wochenende um den 8. Dezember in den mittelalterlichen Gassen der kleinsten Stadt der Alpen

Weihnachtszauber am Karersee
an den vier Adventswochenenden im Wald am Seeufer unterhalb des Latemars

Taufrer Advent
an zwei Wochenenden im Advent, im Wald nahe den Reinbachwasserfällen

11

DEZEMBER

Heißes für die kalten Tage

Fertigen Glühwein gibt es vom Meraner Weinhaus und Hotel zum Rosenbaum (auch alkoholfrei) bei Pur Südtirol (Filialen in Bozen, Meran, Lana, Brixen, Bruneck).

WEIN mit Zimtstangen, Sternanis und Gewürznelken: Wie das duftet! Auf Südtiroler Weihnachtsmärkten hilft eine Tasse Glühwein gegen kalte Füße, aber auch daheim sorgt das Glühweinaroma für entspannte Stimmung und einen gemütlichen Abend. Die Wurzeln des Glühweins reichen bis ins antike Griechenland zurück. Die Zugabe von Honig, Kräutern und Obst verbesserte nicht nur den Geschmack des Weins, sondern erhöhte durch den Zuckergehalt auch dessen Haltbarkeit. Das erste schriftliche Rezept für die Zubereitung von *conditum paradoxum*, einem mit Honig und Gewürzen versetzten Wein, verfasste der römische Kochbuchautor Auspicius im 4. Jahrhundert. Wie im antiken Rom waren Würzweine auch im späten Mittelalter noch der Oberschicht vorbehalten. Nur Königshäuser oder Adelige konnten ihren Gästen das kostbare *Hypocras*-Getränk anbieten. Zudem wurde es als Liebestrank und Allheilmittel eingesetzt.

Auch in den Rechnungsbüchern Tirols erscheinen süße Würzweine schon im Mittelalter. Bozen war damals eine wichtige Handelsdrehscheibe zwischen Nord und Süd, die Südtiroler Gewürzhändler wurden gar als „Bozner Pfeffersäcke“ bezeichnet – ein Begriff, der im 18. und 19. Jahrhundert zum Synonym für das alteingesessene Bozner Handelsbürgertum wurde. Und Wein gedieh in Südtirol bereits 500 v. Chr.; heute werden auf 5.400 Hektar Rebfläche rund 20 Rebsorten angebaut. Während früher die Gewürze den Wein aufbessern sollten, gilt heute: Je hochwertiger der verwendete Wein, desto besser schmeckt der Glühwein (und desto weniger Kopfschmerzen gibt es!).

REZEPT

Marthas Glühwein-Rezept

Meine Mutter Martha Lobis bereitet den Glühwein stets mit unserem hofeigenen Vernatsch und nach folgendem Rezept zu:

ZUTATEN

2 Liter Wein (gut geeignet für Glühwein sind die autochthonen Rebsorten Südtirols Lagrein und Vernatsch, aber auch Burgunder oder Merlot. Am besten Weine von Südtiroler Winzern: www.suedtirolwein.com)
¼ Liter Apfelsaft
250 g Zucker
1 Stück Zimtrinde
ein paar Gewürznelken

ZUBEREITUNG

In einem großen Topf mit Deckel die Zutaten erhitzen, die Gewürze in eine Tee-Nuss oder einen Teefilter geben, damit sie anschließend leichter herausgefischt werden können. Beim Erhitzen darauf achten, dass die Mischung maximal 80 Grad erreicht und nicht aufkocht. Damit sich die Aromen gut entfalten können, den Glühwein anschließend mindestens eine Stunde ziehen lassen und erst danach die Gewürze entfernen. Vor dem Trinken noch mal kurz erwärmen.

Glühwein für Eilige

Für einen guten Schlaf schwören meine Eltern auf eine Tasse „Glosch'nen" (Gelöschten). Dabei wird etwas Wein erwärmt, bis er beginnt, Schaum zu bilden. Dann mit einem Schuss kaltem Wasser (etwa ein Drittel der Weinmenge) „löschen" und warm trinken. Mit Zucker oder Honig nach Belieben süßen.

12

DEZEMBER

Mailänder Weihnachtskuchen

DER PANETTONE, ein kuppelförmiges, fluffig weiches Weihnachtsgebäck aus Hefeteig, gehört in Italien zur Weihnachtszeit wie das Eis zum Sommer. Auch in Südtirol ist er seit Jahrzehnten ein beliebtes Mitbringsel im Advent und wird zu Glühwein, Tee oder Sekt genossen. Seinem Entstehungsmythos zufolge ist der Panettone aus einer Not heraus entstanden: Am Hof des Mailänder Herzogs Ludovico Maria Sforza wurde Ende des 15. Jahrhunderts ein großes Weihnachtsfest gegeben. Der Küchenchef verlor gerade sämtliche Nerven, weil ihm der Kuchen für das festliche Bankett verbrannt war. Da mengte der Küchenjunge Toni einem Vorteig Zucker, Eier, Rosinen und kandierte Früchte bei und buk daraus einen neuen Kuchen. Der Herzog war vom Ergebnis derart begeistert, dass er sich umgehend nach dem Schöpfer der Köstlichkeit erkundigte. Aus der Antwort: „pan de Toni", das Brot von Toni, soll sich die Bezeichnung Panettone entwickelt haben. Es ist fraglich, ob es so einfach gelaufen ist, denn das Backen von Panettone gilt als Königsdisziplin der Weihnachtsbäckerei. Der aufwendige Arbeitsprozess dauert bis zu drei Tage, verlangt ein ruhiges Händchen und eine gleichbleibende Temperatur in der Backstube. Neben der großen Auswahl an industriell produziertem Panettone (mit kandierten Früchten) und Pandoro (ohne Früchte) ist seit rund zehn Jahren die Nachfrage nach handwerklich hergestelltem Panettone drastisch gestiegen. Viele Südtiroler Bäcker und Konditoren stellen mittlerweile Panettone her und die eine oder der andere wagen sich sogar zu Hause an das mühevolle Panettone-Backen – idealerweise sollte das 15 Tage vor dem Verzehr, mindestens aber fünf Tage vorher erfolgen.

SÜDTIROLER PANETTONE

Backificio (im Bild),
Lana

Bäckerei & Konditorei Erb,
Meran

Franziskaner Bäckerei,
Bozen

Konditorei Peter Paul,
St. Pauls/Eppan

Konditorei Pupp,
Brixen

Bäckerei Schuster,
Laatsch/Mals

Ultner Brot,
St. Walburg/Ulten

Strahlende Lichtbringerin

13

DEZEMBER
Luzia

„ST. LUTZEN macht den Tag stutzen", heißt es im Volksmund, denn jetzt beginnt die Zeit mit den längsten Nächten. Früher galt der Gedenktag der hl. Luzia als kürzester Tag des Jahres. 1582 wurde der gregorianische Kalender eingeführt und das verfrühte Datum der Wintersonnenwende rückte auf den 21. Dezember vor.

Die hl. Luzia (lat. die Glänzende, Leuchtende) gilt in der christlichen Überlieferung als Lichtbringerin in dunklen Winternächten. Der Legende nach lebte Lucia um 300 in Syrakus auf Sizilien. Sie verteilte ihr Vermögen unter den Armen und versorgte verfolgte Christen nachts mit Lebensmitteln. Dafür setzte sie sich einen Lichterkranz auf den Kopf, um die Hände frei zu haben zum Tragen. Da sie einem von ihren Augen verzauberten Verehrer ihre Augäpfel auf einem Teller geschickt haben soll, wird die hl. Luzia bei Augenleiden angerufen.

Im Mittelalter war es in Tirol üblich, dass die Buben am Nikolaustag beschenkt wurden, die Mädchen zu Luzia. Bei unseren Nachbarn im Trentino zieht mancherorts in der Nacht vom 12. auf den 13. Dezember eine junge, verschleierte Frau mit einem Esel von Haus zu Haus und verteilt Süßigkeiten oder Brot in Eselsform. Die verschiedenen Luzien-Bräuche und Vorstellungen weisen starke Parallelen zu anderen weiblichen Figuren der Winterzeit auf, insbesondere zu Perchta, einer schillernden Gestalt der „wilden Jagd" (→ 27. Dezember) sowie zur Hexe *Befana*, dem italienischen Pendant zum Christkind.

Der heutige Tag steht im Zeichen des Lichts. Warum nicht ein Windlicht basteln und ins Fenster stellen? Oder schlicht im Kerzenschein zusammensitzen, reden und das Flackern auf sich wirken lassen?

LUZIEN-BRAUCH

Beim früher praktizierten Mittwinter-Orakel „Luzienweizen" wird etwas Erde mit Weizensamen in einen Teller gegeben und in der Mitte eine Kerze angezündet. Treibt der Weizen bis Weihnachten ein paar Zentimeter aus, verspricht das ein gutes Erntejahr.

14
DEZEMBER

Weihnachtsgeschichte in Miniatur

Die Krippen und Krippenfiguren von Südtiroler Schnitzern, Bildhauern und Vergoldern sind nach wie vor begehrt, sowohl im alpinen, orientalischen als auch zeitgenössischen Stil. In Gröden werden in zahlreichen Präsentationsräumen und Schnitzwerkstätten Krippenberge und Krippenfiguren verkauft. Das Grödner Gütesiegel schützt das regionale Kunsthandwerk, garantiert die Echtheit und dass die Schnitzereien von Hand gefertigt wurden. Unbedingt einen Besuch wert ist das „Museum Gherdëina", wo historisches Grödner Holzspielzeug, Sakralkunst sowie profane Kunst der Grödner Kunsthandwerker gezeigt werden.

IN DEN BAUERNSTUBEN Südtirols war bis vor 100 Jahren die Krippe der Mittelpunkt des Weihnachtsfests, nur bei Adeligen und wohlhabenden Bürgern gab es bereits ab Mitte des 19. Jahrhunderts auch einen geschmückten Christbaum. Als Ursprung der heutigen Krippentradition gilt die Christnachtsfeier von Franz von Assisi im Jahr 1223 mit seiner Krippendarstellung, doch hatten auch die beliebten Krippen- und Wiegenspiele sowie die Kirchenkunst ihren Einfluss. Und auch die Südtiroler: So schnitzte um 1480 der Pustertaler Bildhauer Michael Pacher eine vollplastische Dreikönigsgruppe für die St.-Wolfgang-Kirche im Salzkammergut. Nach der Verbreitung der Kirchenkrippen durch die Jesuiten (die erste stand 1560 in Coimbra in Portugal) erlebten Krippen im Barock eine Blüte, doch im Zuge der josephinischen Reformen (Ende 18. Jh.) wurden sie verboten. Krippen waren allerdings schon so populär, dass sich daraufhin eine private Krippenkultur entwickelte.
Während in wohlhabenden Häusern ausladende Krippen standen – besonders begehrt waren die Krippen der Grödner Schnitzer –, verwendete die breite Bevölkerung Figuren aus Pappmaschee, Ton oder von Ausschneidebögen. In Gröden wurden schon im 17. Jahrhundert Holzfiguren und Spielzeug geschnitzt und bis nach Amerika exportiert. 1872 entstand schließlich die Grödner Schnitzschule, sie war eine der ersten im Alpenraum. Heute steht in St. Christina in Gröden die größte handgeschnitzte Weihnachtskrippe der Welt.

Papierkrippe von Josef Manfreda ↓

DER HEILAND IST GEBOREN.

15

DEZEMBER

Wenn es für die *Kutt* um die Wurst geht

Das Klöckeln findet an den ersten drei Donnerstagen im Advent ab Anbruch der Dunkelheit statt. Der Brauch ist keine organisierte Veranstaltung, wann und wo genau die Klöckler umgehen, ist somit schwer vorherzusagen. Wer sich das Spektakel ansehen möchte, spitze die Ohren und warte am besten in den Ortszentren oder am Dorfplatz von Sarnthein, dort ziehen meist mehrere *Kutten* durch.

AN DEN DREI Donnerstagabenden vor der Wintersonnenwende ziehen im Sarntal die *Klöckler* von Haus zu Hof. Mit Getöse, Bockshorntuten, Glockenschellen und langen Stöcken tauchen die grotesk maskierten Figuren aus der Dunkelheit auf und machen sich vor den Haustüren lautstark bemerkbar: Dann wissen die Sarnerinnen und Sarner: „Die *Kutt* geht um." Eine *Kutt*, wie die Klöckelgruppen genannt werden, besteht aus rund zehn maskierten Männern, meist eine Gruppe von Freunden, Nachbarn oder ein Verein. Die Gesichter werden mit selbstgebastelten Stoffmasken verhüllt, die mit klobigen Nasen, Baumbart oder Schaffell ausgeschmückt sind. Die Kleidung der Klöckler besteht aus der alten Sarner Werktagstracht mit schwarzen Lodenhosen, einer Lodenjacke, einem Sarner Wolljanker oder einem *Tux* (Lodenjoppe mit halblangen aufgeschnittenen Ärmeln) und einem Hut. Um die Hüfte hängen an dicken Ledergurten Schellen, darunter leuchtet die blaue Arbeitsschürze, der *Firtig*. Einzelne Klöckler tragen sogar *Kospen*, Schuhe aus Kuhhaut mit einer nagelbeschlagenen Holzsohle, die früher im Stall oder beim Mähen für Halt sorgten, oder *Toppar*, Hausschuhe aus Loden und Filz. Auf den *Kraxen* (hölzerne Rückentragen) der Klöckler sind Ähren, Pfannen und diverse Gegenstände aus dem bäuerlichen Alltag befestigt; das kann auch mal ein rauchender Kanonenofen sein.

Eine besondere Rolle spielen das *Zusslmandl* und das *Zusslweibele*. Die *Zussln* waren früher ganz in Stroh gekleidet, heute trägt das *Zusslmandl* die sogenannte *altbairische* Tracht mit Krempenhut, das *Zusslweibele* die Sarner Feiertagstracht. Die *Zussln* laufen der *Kutt* voraus, sie dürfen als Einzige die Häuser betreten und werden traditionell mit Schnaps oder Glühwein bewirtet, bis sich der anführende Ziehharmonikaspieler und

Thaler Hof

die gesamte *Kutt* vor dem Haus versammelt haben. Dann wird nach einer uralten Melodie das Klöcklied gesungen. Es handelt von christlichen Themen und der himmlischen Botschaft und schließt mit der Bitte um ein paar Würste oder ein Stück Speck.
Mitten im Rund der *Kutt* und begleitet von Ziehharmonika, Bockshörnern und Teufelsgeige vollführen *Zusslmandl* und *Zusslweibele* eine Art Fruchtbarkeitstanz. Nachdem die Hausbewohner dem *Lottrsackträger* ihre Gaben – heute sind es meist Geldspenden, nicht mehr Würste – übergeben haben, folgt das Dankeslied mit Segenswünschen für das kommende Jahr. Dann zieht die *Kutt* weiter. Wer hinter den Masken steckt, ist absolute Geheimsache. Das war immer schon so und hatte durchaus seinen Sinn: Dank der Vermummung und verstellter Stimme konnten die ärmeren Dorfbewohner im kargen Winter unerkannt um Gaben betteln. Auch wo sich die *Kutt* formiert und ihre Route sind geheim.
Die Bezeichnung *Klöckeln* kommt von *Klocken*, dem Dialektbegriff für *Anklopfen*. Früher gab es im gesamten Alpenraum sogenannte Klöpfl- oder Klöcklnächte. So schreibt der Volkskundler Ludwig Hörmann im Jahr 1909: „Tirol ist in dieser Hinsicht reich gesegnet und gewiss nirgends werden die Klöpfelsnächte feierlicher begangen. Sie gelten als förmliche Belustigungstage, bestimmt, um die stille Adventszeit etwas zu würzen." Auch beim Klöckeln im Sarntal ging es wohl mitunter wild her, das beweist die erste schriftliche Erwähnung des Klöckelns im 16. Jahrhundert – es ist die Forderung des Pfarrers, den Brauch zu verbieten!
Im Sarntal hat der Brauch im Laufe der Jahrhunderte eine eigentümliche Ausgestaltung erfahren, heute beherrschen bereits die Volksschüler das Klöckellied. Nach wie vor werden den Klöcklern magische Kräfte zugeschrieben und sie sind willkommene Besucher. Früher hieß es: „Je mehr Klöckler die Wintersaat zertrampeln, desto besser gedeiht im nächsten Jahr das Korn." Der Ursprung des Klöckelns ist nicht eindeutig, doch lässt sich in der urtümlichen Gepflogenheit eine Mischung aus christlichem Heischebrauch, Lärmritual zum Austreiben der Wintergeister und germanischem Fruchtbarkeitsbrauch erkennen.

16

DEZEMBER

Krippele schaugn

Wer *Krippele schaugn* geht, sollte Zeit mitbringen. Jede Krippe ist eine eigene Welt und die Vielfalt ist groß: Sie reicht von simplen Wurzelstöcken als Unterschlupf für die Heilige Familie über Faltkrippen aus Papier bis hin zu detailliertest ausgestalteten Landschaften im orientalischen oder alpenländischen Stil.
Viele Sammlungen können ganzjährig bzw. auch außerhalb der Weihnachtszeit besucht werden.

Krippenmuseum
in der Hofburg Brixen

Krippenmuseum
im Kloster Muri-Gries

Krippenmuseum Maranatha
in Luttach/Ahrntal

Krippensammlung Stabinger, Hotel Mondschein, Sexten

Krippenmuseum Heide, Pontives/Lajen

SO ALT WIE das Krippenaufstellen ist der Brauch, in der Weihnachtszeit Nachbarn, Verwandte und Bekannte zu besuchen, um deren Krippe zu bestaunen. In Zeiten, wo es noch nicht eine ständige und allgegenwärtige Verfügbarkeit von Bildern gab, war das *Krippele schaugn* insbesondere für die Kinder ein aufregendes Erlebnis. Natürlich zeigten die Krippenbesitzer stolz ihre Krippen her, deren Figuren oder Landschaften sie oft selbst gebastelt hatten. Die gegenseitigen Besuche waren höchst kommunikative Ereignisse im Dorfleben, bei denen gemeinsam gesungen oder bei Zelten, Keksen und Schnaps gefachsimpelt wurde. *Krippele schaugn* ging man üblicherweise von Weihnachten bis Dreikönig, längstens aber bis Lichtmess (2. Februar), dem einstigen kirchlichen Abschluss der Weihnachtszeit – allerspätestens dann wurde die Krippe wieder auf dem Dachboden verstaut.
Noch immer werden in vielen Südtiroler Stuben und Wohnzimmern Krippen aufgestellt, das Besichtigen in Privathäusern ist aber kaum mehr üblich. In St. Pauls in Eppan wurde die alte Tradition deshalb neu interpretiert: Von Ende November bis zum 6. Jänner beherbergen die historischen Gassen des Weindorfs die größte Krippenausstellung Südtirols. Über 150 Krippen sind während der „KrippenWeihnacht" in Geschäftsauslagen, Innenhöfen und Fenstern aufgebaut, zum Rahmenprogramm gehören eine lebende Krippe und das Adventsingen.
In Südtirol gibt es zahlreiche Möglichkeiten, Krippen zu besichtigen: in Kirchen, auf Weihnachtsmärkten und bei den Kunsthandwerkern, etwa in Gröden, oder ganzjährig in den verschiedenen Krippenmuseen.

17
DEZEMBER

O du liebe Weihnachtsmusik

Die Bezeichnung der O-Antiphonen geht auf das staunende „O" der Anrufung im Lateinischen zurück: *O sapientia* – O Weisheit (des Höchsten), O Adonai – O Herr und Führer (des Hauses Israel), *O radix Jesse* – O Wurzel Jesse, *O clavis David* – O Schlüssel Davids, *O oriens* – O Morgenstern, *O rex gentium* – O König der Völker, *O Immanuel* (unser König und Lehrer). Auffällig ist, dass der Sohn Gottes zwar im Zentrum der Verse steht, die Bezeichnungen „Gottes Sohn", „Messias" oder „Christus" aber nicht vorkommen, sondern nur obige sieben alttestamentliche bildhafte Anreden, z. B. „O König der Völker, du Eckstein deiner Kirche: komm und errette den Menschen, den du aus Erde gebildet!"

ALLE JAHRE WIEDER dringen spätestens ab Mitte November aus dem Radio und den Lautsprechern der Geschäfte bekannte Weihnachtssongs wie „Last Christmas" oder „Kling, Glöckchen, klingelingeling". Traditioneller geht es meist auf den Südtiroler Weihnachtsmärkten zu, wo die Bläsergruppen oder Alphornbläser besinnliche Volksweisen spielen. Wer am besten über die Ohren in Weihnachtsstimmung kommt, findet hierzulande außerdem zahlreiche musikalische Veranstaltungen in der Adventszeit, etwa das beliebte „Adventssingen", bei dem die Chöre des Landes altes und neues Liedgut aus dem Alpenraum rund um die Herbergssuche, den aufgehenden Stern und die Geburt Christi stimmungsvoll interpretieren. Statt mit „O Tannenbaum" wird Weihnachten in der katholischen Kirche mit den sogenannten „O-Antiphonen" vorbereitet. Der Advent ist liturgisch zweigeteilt: Bis zum 16. Dezember geht es um die Ankunft des Herrn am Ende der Zeit, ab dem 17. Dezember ist der Advent auf der Zielgeraden – jetzt stehen die Erwartung und Vorfreude auf die nahende Geburt Christi im Mittelpunkt. Diese Vorfreude wird musikalisch in den O-Antiphonen ausgedrückt, die zwischen dem 17. und dem 23. Dezember in fester Reihenfolge in den Kirchen zu hören sind – entweder in verkürzter Form als Ruf vor dem Evangelium oder im Wechselgesang. In den sieben Versen, die mindestens bis ins 7. Jahrhundert zurückreichen, wird der erwartete Messias gepriesen, um sein Kommen gebeten und mit einem *veni!* (komm!) aktiv zur Ankunft eingeladen.

Glurnser Advent, Alphornbläser Deutschnofen ↓

18
DEZEMBER

Ein Stern, der deine Handschrift trägt

HEUTE sind unsere Christbäume meist üppig geschmückt mit bunten Glaskugeln, einer glitzernden Spitze, Kerzen oder Lichterketten. Als die ersten Christbäume aufkamen, wurden sie mit Äpfeln, Nüssen, gebastelten Papierblüten und Zischgold verziert. Diese Schmuckelemente standen ebenso wie der immergrüne Baum für das Sommerliche, Lebendige und die Fruchtbarkeit, außerdem waren die Früchte und Nüsse im kargen Winter rare Köstlichkeiten. Mitte des 19. Jahrhunderts wurden die ersten gläsernen Christbaumkugeln geblasen, sozusagen als Ersatz für das Apfelsymbol, das auf die mittelalterlichen Paradiesspiele zum Namenstag von Adam und Eva am 24. Dezember zurückgeht und nun als christliches Symbol der Unsterblichkeit umgedeutet wurde.

In Südtirol dienten vielerorts noch bis ins letzte Jahrhundert Äpfel und Dörrfrüchte (je nach Anbaugebiet), vergoldete Nüsse und selbst gemachte Strohsterne als Christbaumschmuck. Kerzen für die Beleuchtung gab es bei Weitem nicht überall, denn Kerzen aus Bienenwachs waren eine teure Anschaffung. Spätestens in den 1970er-Jahren hingen auch in den ländlichen Gegenden ein paar Christbaumkugeln, Engelshaar oder Lametta am Christbaum. Im Zweiten Weltkrieg bestand das „Lametta“ meist aus den Stanniolstreifen, die die Bomber zur Radarstörung abwarfen. Besonders beliebt waren früher in Glitzerpapier gewickelte *Zuggerlen* (Bonbons) – neben ihrer Funktion als Baumschmuck dienten sie als Geschenke für die Kinder und durften folglich frühestens am Heiligen Abend vom Baum geholt werden. Da und dort waren die Süßigkeiten im vielversprechenden *Zuggerlepapier* dann aber bereits gekonnt durch Zeitungspapier ersetzt worden …

Strohsterne selber machen

Der Wunsch, Weihnachten einfacher und bodenständiger zu gestalten, erlebt gerade eine wahre Hochkonjunktur. Den Christbaum mit selbst gebastelten Sternen, Engeln oder Kugeln zu schmücken, ist nicht nur für Kinder ein bleibendes Erlebnis. Mit etwas Fingerspitzengefühl und Geduld ist es ganz einfach, Strohsterne anzufertigen – mit Adventsmusik im Hintergrund stellt sich beim Basteln an einem Winterabend schnell die passende Stimmung ein.

MATERIAL

Bastelstroh
Faden (z. B. dünnes Nähgarn)
Schere

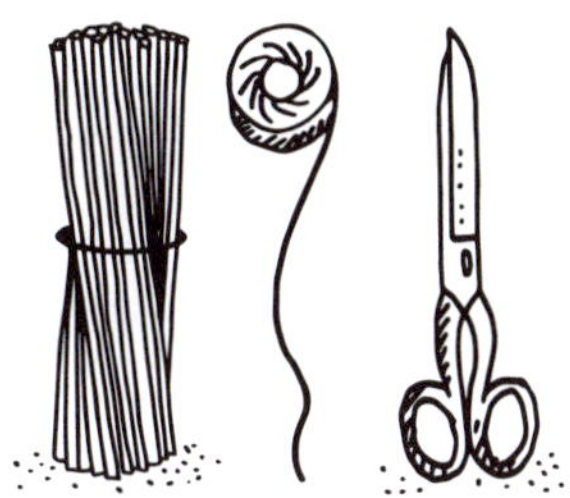

SCHRITT 1: STROHHALME VORBEREITEN

Die Strohhalme zuerst etwa 20 Minuten in lauwarmem Wasser einweichen, damit sie nicht so schnell brechen. Danach mit Küchenpapier abtupfen. Die Halme in mehrere, gleich lange Stücke schneiden (zwischen 6 und 10 cm, je nachdem wie groß der Stern werden soll). Behutsam mit dem Finger die einzelnen Stücke flachstreichen.

SCHRITT 2: STERN LEGEN

Ein Stück Faden zurechtschneiden (30 cm oder mehr). Aus jeweils zwei Halmstücken zwei Kreuze legen, dann die Kreuze so übereinanderlegen, dass alle Halmspitzen gleichmäßig verteilt sind.

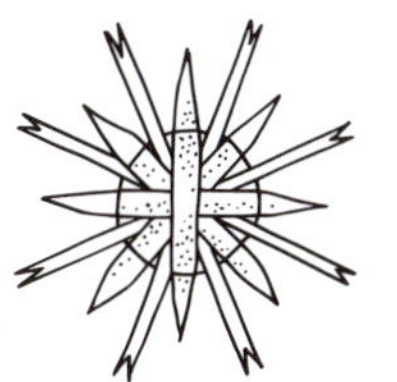

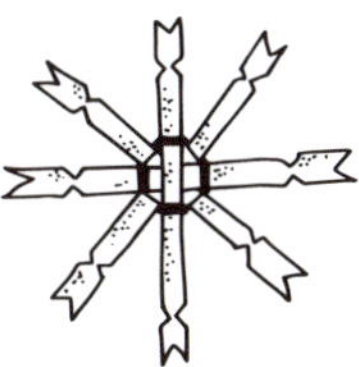

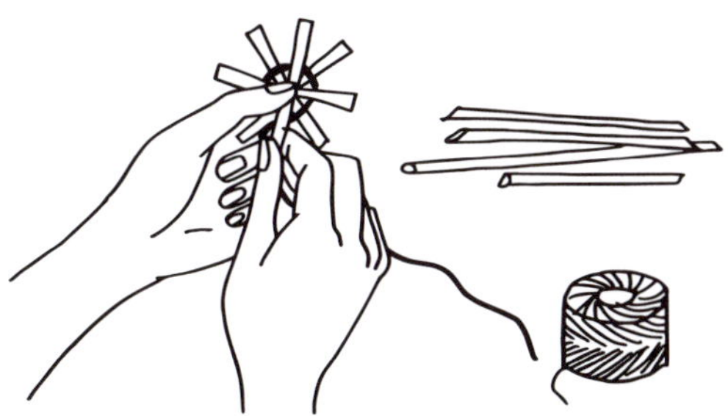

SCHRITT 3: STERN BINDEN

Den Stern in einer Hand halten, mit der anderen Hand den Faden binden. Dabei den Faden über dem obersten Halm festhalten, dann unter dem danebenliegenden Halm durchziehen, über dem nächsten Halm und fortlaufend einmal über, einmal unter den Halm gehen. Wenn sich die beiden Fadenenden treffen, den Faden anziehen und verknoten oder noch eine Runde machen, damit jeder Halm jeweils von oben und unten fixiert ist. Schließlich verknoten und aus dem übrigen Garn die Schlaufe zum Aufhängen am Baum machen.

SCHRITT 4: STRAHLEN IN FORM BRINGEN

Die Halmenden bzw. Strahlen des Strohsterns können nun nach Belieben mit der Schere gekürzt sowie schräg, spitz oder rund geschnitten werden.

19

DEZEMBER

Kräftigendes Statussymbol

Damit der Zelten saftig blieb, wurde er in der Korntruhe aufbewahrt, denn das Anschneiden des Familienzeltens erfolgte frühestens am Weihnachtstag – er sollte einmal „geräuchert" sein, also das *Raachngian* am Heiligen Abend mitgemacht haben. Der gängige Termin zum Zeltenanschneiden war jedoch der Stephanitag (26. Dezember), der späteste Termin Sebastiani (20. Jänner). Für alle Ledigen war das ein „einschneidendes" Ereignis: Wenn eine junge Frau einem Burschen das erste Stück ihres Zeltens, das *Scherzl*, schenkte, signalisierte dies besondere Zuneigung bzw. war das eine delikate Liebeserklärung.

UNTER DEN VIELEN alpenländischen Kletzenbroten galt der „Bozner Zelten" schon im Spätmittelalter als die vornehmste Variante. Er war – anders als die Früchtebrote nördlich des Alpenhauptkamms – zusätzlich zu gedörrten Äpfeln oder Birnen noch mit Rosinen, kandierten Südfrüchten und Pinienkernen gespickt. Schließlich wurden in der ehemaligen Handelsstadt Bozen früh kostbare Gewürze und Früchte umgeschlagen. Gerne leisteten sich die Tiroler Grafen und der übrige Adel also die teuren, aber verfügbaren exotischen Südfrüchte; die Verfeinerung des hausgemachten Zeltens mit Feigen und Zitronen taugte durchaus als Statussymbol. Das reichhaltige Bozner Früchtebrot war so wertvoll, dass es den Brixner Klarissen 1488 als Geschenk für den Tiroler Landesfürsten Sigmund den Münzreichen und seine Gemahlin geeignet erschien – zur „Erzaigung kindlicher Lieb und Trew", der Bozner Zelten galt nämlich als Fruchtbarkeitssymbol. Und er schmeckt: Als der französische Philosoph Michel de Montaigne um 1580 durch Bozen reiste, schwärmte er gar vom „besten Brot der Welt".

Mit der Zeit wurde es Brauch, dass in den Bozner Bürgerfamilien zu Weihnachten jedes Familienmitglied seinen Zelten bekam. In den Bauernhäusern blieb der Zelten dagegen lange der einzige Luxus zur Weihnachtszeit. Meist sparte die Bäuerin das ganze Jahr über, um sich neben den selbst getrockneten Äpfeln, *Kloatzn* (Dörrbirnen) und Nüssen auch ein paar *Aranzini* (Orangeate), Datteln und Feigen leisten zu können.

Die Zeltenvorbereitungen erfolgten am 19. oder 20. Dezember, frühmorgens am 21. Dezember wurde die Köstlichkeit dann in den Ofen eingeschossen: ein großer Familienzelten und kleinere Laibe für die Familienmitglieder sowie für die Dienstboten, die mancherorts damit bezahlt wurden.

Annis Zelten

Von meiner Nachbarin Anna Mair (im Bild), Rauchhof, Unterinn/Ritten

ZUTATEN

Für die Früchtemischung
300–400 g Nüsse (Walnüsse, Haselnüsse usw.)
300–400 g Kloatzen (getrocknete Birnen)
300–400 g getrocknete Zwetschgen
300–400 g getrocknete Feigen
100–150 g Sultaninen
100–150 g Pignoli (Pinienkerne)
100–150 g Mandeln
100–150 g Aranzini und Zitronat (oder Orangenzesten)
100–150 g Honig
200 ml Glühwein
200 ml Zwetschgenschnaps
200 ml Rum
Saft von 1 Orange und 1 Zitrone
Gewürze: 2 TL Zimt, etwas Muskat, Nelkenpulver und Neugewürz (Piment)

FÜR DEN BROTTEIG

400 g Roggenmehl
1 Päckchen Hefe
ca. 200 ml lauwarmes Wasser
1 Prise Salz
etwas Anis

ZUBEREITUNG

Die getrockneten Früchte in kleine Würfel schneiden, die Nüsse grob hacken. Dann den Glühwein mit Honig vermischen sowie Rum und Schnaps und die Gewürze zur Früchtemischung dazugegeben. Die Masse gut durchmengen, am besten mit der Hand. Zudecken und über Nacht ziehen lassen.

Am nächsten Tag den Brotteig aus Roggenmehl, Hefe, dem lauwarmem Wasser und etwas Salz zubereiten, nach Geschmack eine Prise Anis dazugeben. An einem warmen Ort gehen lassen. Den fertigen Brotteig unter die Früchtemischung geben und mit den Händen alles gut durchmischen. Aus der Masse die Zeltenlaibe formen (je nach Größe 2–4 cm dick), auf das Backblech geben, mit Walnüssen und Mandeln verzieren und mit Honigwasser bestreichen. Nochmal kurz gehen lassen. Dann bei 170 Grad 25–40 Minuten (je nach Zeltengröße) backen, bis die Zelten leicht braun sind. Dabei mehrmals mit Honigwasser oder Zuckerwasser bestreichen. Noch warm vom Blech nehmen und auf einen Gitterrost geben zum Auskühlen. Nach Belieben mit kandierten Früchten verzieren.

Das Rezept ergibt 2–3 kg Zelten (je nach Größe 4–8 Zelten). Die Zutaten in der Früchtemischung können nach Belieben variiert werden. Früher wurde hauptsächlich das verwendet, was man selbst hatte bzw. was in der Gegend wuchs.

20
DEZEMBER

Weihnachts-geschichte

Josef Oberhollenzer

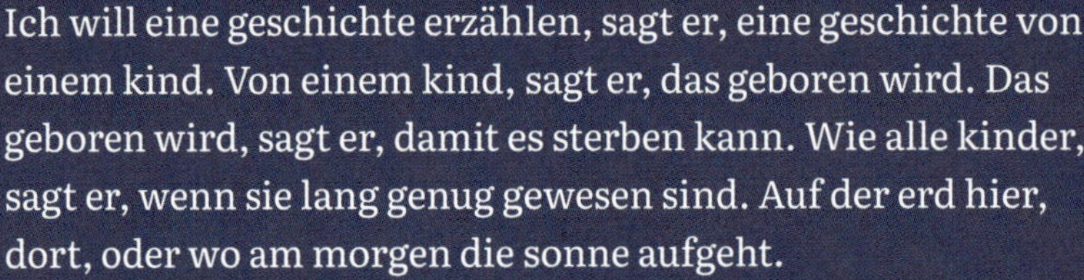

Ich will eine geschichte erzählen, sagt er, eine geschichte von einem kind. Von einem kind, sagt er, das geboren wird. Das geboren wird, sagt er, damit es sterben kann. Wie alle kinder, sagt er, wenn sie lang genug gewesen sind. Auf der erd hier, dort, oder wo am morgen die sonne aufgeht.

Ein mädchen, sagt er, vielleicht in Afghanistan. Am vierundzwanzigsten dezember, in einer höhle, in einem berg. Weil dann der tag länger wird, sagt er. Weil das licht zunimmt mit jedem tag, den das jahr an sein ende wächst. Den das kind hin lebt gegen den tod, dem monde zu.

Wenn das leben abnimmt, sagt er, nimmt das licht zu. So ist die hoffnung ausgesät, irgendwann wird sie eingebracht. Nach einem sichelschnitt, sagt er, wenn sie nicht zertreten war. Wenn kein sturm über ihr sehnen ist, in ihr herz hinein. Das kind soll Anahita heißen, da fängt die geschichte an.

Die höhle ist dunkel gewesen wie sonst ein loch. Wie der keller vielleicht damals in großmutters haus, wo sie im winter die kartoffeln gelagert hat. Aber als sie langsam hineinging, vom kind im bauche schwer, hat sie sich bald umhüllt gefühlt. Und mittendrin, wie sie glaubt, läßt sie sich auf die erde hinab. Und dann legt sie den tschador ab und wickelt neben dem schoße ein nest. Da hatten sich die augen schon an das dunkel gewöhnt.

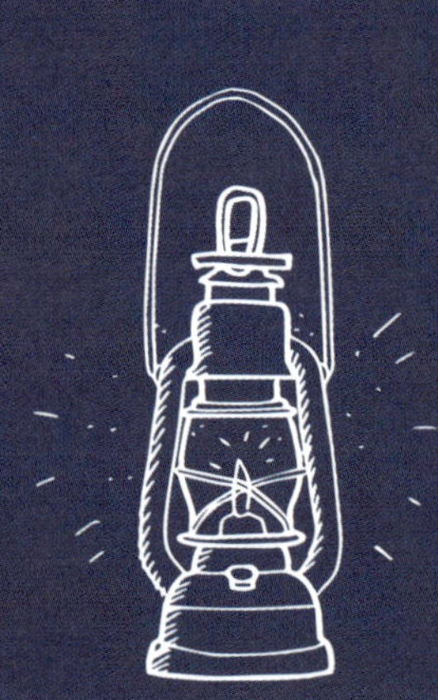

Jetzt holt sie das feuerzeug hervor, dreht den docht höher ins glas. Und im flackernden petroleumlicht, endlich fühlt sie sich geborgen, und vor der welt draußen geschützt. Wo sie beinah aufgegeben hatte, im schnee. Aber immer vor dem andern einen fuß, so war sie doch weiter, immer weiter, bis sie in die höhle fand. Wo sie im letzten sommer des kriegs ihren

mann auf der weide begrub. Vielleicht hatte sie ihn nie geliebt, aber dann fehlte er doch. So kauerte sie nun, so wartete sie. Die welt draußen, wo es niemals ein ausruhn gab.
Doch, Anahita, so soll es heißen, das kind.

Und von allem müd schlief sie ein, das licht flackerte schräg, atemlos tanzten die schatten in ihren traum. Und wieder träumte sie, was sie in so vielen nächten schon träumt. Wie sie zwischen den bergen ist und geht und geht, wie sie nicht aus den bergen kommt. Sie will weg in ein land, von dem sie weiß, es ist schön. Das weiß sie. Und sie weiß, da ist sie schon gewesen, als kind. Und jetzt sehnt sie sich danach, und mit jedem schritt noch mehr. So geht sie und geht, aber hinter jedem berg ist ein berg, aber ihr sehnen wächst weiter, bergan zum himmel hinauf. Aber am ende, oben, am übergang, stürzt es wieder wie davor wie ein wildbach bergab. Bis immer, irgendwann, als sie sich wieder hinlegen will, unter den walnußbaum, als ihr der bauch schwer geworden ist und der rücken schmerzt, die welt sich doch öffnet wie am morgen die nacht. Bis zu einem horizont, der wie der bogen ihres vaters gebogen ist, mit dem er „meiner Khadidscha" den schneeleoparden schoß, liegt die erde mit milden hügeln vor ihren augen weit. Wie meines vaters bogen, so liegt die erde gespannt. Dann rennt sie, schier fliegt sie dem erdbogen zu. Und schon ist sie fast dort, da wacht sie auf.
Ach, läge die Anahita weich, wie läge meine Anahita warm, aber träumt sie in dieser nacht, und sie fliegt und rennt. Und dann, so glücklich, daß es ihr fast das herz zerreißt, steht sie endlich und schaut, auf dem horizont.

Im schneeleopardenfell lag Anahita neben ihrem schoß. So war sie aufgewacht, die schatten tanzten die höhle aus. Sie nahm Anahita in die arme und wiegte sie. Aber das tschadornest war mit früchten voll. So tat sie ihre kleider auf und legte das kind an die brust. Und auf einmal, und es geschah. Was davor nur zuflucht war, ein letzter ort, war auf einmal warm wie ein schoß und mit geschichten voll. Die drangen aus allen winkeln, brachen sich an den kanten rund, sie spannen sich um die beiden, die trugen sie fort.
So saß sie in der höhle unterm walnußbaum. Sie hat ihr kind wohl im arm, sie faßt es sicher, sie hält es warm. So schaut sie noch lang in den horizont, dort sieht sie, bleich, den kindheitsmond. Dann steht sie auf, geht weinend auf den vater zu, dort wartet er und singt, was gewesen wär. Weit vom erdbogen her weht der wind sein lied.

In der ferne und vielleicht in Afghanistan, dort trüge sich die geschichte zu. Und einmal flöge, während es schneite, ein licht drüberhin. Dann glänzten Anahitas augen wie einst in der märchenwelt. So wüchse sie auf, aber niemand wüßte dann, wie. Nur ihre augen, in manchen nächten, erschienen einem da und dort. Dann hielte für eine weile das staunen an. Aber auch ein anderes wort löschte es bald wieder aus. Und wie immer, wie vorher, folgte auf den morgen die nacht.

Aber an einem anderen morgen ging sie fort mit dem kind. Dort draußen warf der schnee die wintersonne zurück. Bald ginge sie auch bei uns hinter den bergen auf. Und Anahita träumte im schneeleopardenfell, sie atmete ein, was sie dann niemals weiß. Weiß liegt die landschaft und das tal unten still.

Und sie müht sich im tschador, schritt um schritt, dort vielleicht liegt das rettende nah. Wenn sie keine zuflucht findet, ist ihr märchen aus. Bis zum schoß sinkt sie manchmal ein. Wenn sie nicht mehr weiter kann, drückt sie Anahita an sich. So geht sie und geht, dem abend zu. Und von irgendwo, von den bergen herab, vom tal herauf, hört sie sein lied, weit von der kindheit her.

Hab ach mein lieb und mein verlangen
Mir zugefügt mit herz und haar
Ein weinen geht und noch ein bangen
Vorüber uns in nacht und jahr

Was jetzt noch blüht und nicht vergeht
Wie unser traum ins herz hinab
Ist heut wie schnee vom wind verweht
Und gräbt uns schon die lieb ins grab

So geht sie und geht, sie hört von irgendwo. Mit müh und not, so gräbt sich das glück ins herz. Wenn der schnee sich öffnet, sind sie anderntags frei. Dann ist ihr, sie fiele, sie läge warm.

Ich wollte eine geschichte erzählen, sagt er, eine geschichte von einem kind. Von einem kind, sagt er, das geboren wird. Das geboren wird, sagt er, damit es sterben kann. Wie alle kinder, sagt er, wenn sie lang genug gewesen sind. Auf der erd hier, dort, wo morgen die sonne aufgeht. Das kind soll Anahita heißen, da fing die geschichte an.

21

DEZEMBER

Schicksalhafte Sonnenwende

In der finstersten Nacht des Jahres sind Orakel wie Kartenlegen nach wie vor ein unterhaltsamer Zeitvertreib. Zudem verheißt ein alter Spruch, dass jene Gedanken, die zur Wintersonnenwende aufkommen, so kraftvoll wachsen wie das zunehmende Sonnenlicht und dass sie real werden. In diesem Geiste lässt sich der Thomastag optimal nutzen, um Altes loszulassen und den Boden für Neues zu schaffen.

HL. THOMAS

Die Kirche soll dem Apostel Thomas den kürzesten Tag des Jahres gewidmet haben, weil er an der Auferstehung Christi so lange zweifelte, bis er seine Finger in dessen Wunden legen durfte. Im Volksmund ist der Tag der Thomastag geblieben, auch wenn das Apostelfest in der römisch-katholischen Kirche mittlerweile am 3. Juli gefeiert wird.

„THUMA kehrt in Tag uma", heißt es im Pustertal, denn der 21. Dezember, bis 1970 der Gedenktag des Apostels Thomas, ist der kürzeste Tag des Jahres und markiert die Wintersonnenwende. Dieser Tag wird seit Jahrtausenden feierlich begangen und ist mit zahlreichen Bauernregeln verbunden. So galt der Thomastag als besonders günstiger Termin zum Holzschlagen. Frühmorgens wurde der Zelten in den Ofen eingeschossen und auf vielen Bauernhöfen war es der traditionell wichtigste Tag zum *Schlachtigen*. Meist wurde ein Schwein geschlachtet, wobei nur ein kleiner Teil als „grünes", also frisches Fleisch für die Feiertage verwendet wurde, der Rest wurde als Speck und Selchfleisch haltbar gemacht.

Gegen Abend stieg die Spannung: Die Wintersonnwende wurde früher, stärker noch als die Andreasnacht oder der Silvesterabend, als Anlass für die Zukunftsschau genutzt.

Es herrschte die Vorstellung, dass in der Thomasnacht, die mancherorts als erste Raunacht gilt, der Vorhang zum Übersinnlichen offen stehe. In dieser *Leaslnacht* (Losnacht) versuchte man mit verschiedensten, teilweise recht kuriosen Methoden wie *Holzscheitegreifen*, *Schuhwerfen*, *Leaslziehen*, *Bettstaffeltreten* und *Hütlheben* mehr über das eigene künftige Schicksal zu erfahren, sei es in Liebesdingen oder in Bezug auf einen Dienstwechsel, Ernteaussichten oder den eigenen Todeszeitpunkt. In Meransen pflegte man einen eigentümlichen Brauch: Zur Wintersonnenwende bestritten die Mägde ein Rodelrennen – auf dem Hof jener Magd, die als Erste durchs Ziel bretterte, würde im kommenden Jahr der längste Flachs gedeihen.

22

DEZEMBER

Vom Geben und Empfangen

Heute glauben wir oft, es sei überflüssig, einander zu beschenken. Viele Familien gehen stattdessen zusammen essen oder unternehmen sonst etwas Gemeinsames. Und doch macht Schenken Freude: Es geht dabei doch nur darum, ob wir unseren Liebsten unterm Jahr zugehört haben und ihre Wünsche kennen, ob wir uns Zeit nehmen, etwas auszusuchen und liebevoll zu verpacken. Selbst eine handgeschriebene Weihnachtskarte kann Wertschätzung und Zuneigung vermitteln. Nicht zuletzt ist das persönliche Übergeben eines Geschenks ein beliebtes Ritual, denn: *„Es ist schön, den Augen dessen zu begegnen, dem man soeben etwas geschenkt hat."* (Jean de La Bruyère)

DER HEILIGE ABEND rückt näher, unter wachsendem Zeitdruck organisieren das Christkind und seine Helfer die letzten Geschenke und schlagen sie in buntes Papier ein. Warum aber gibt es zu Weihnachten überhaupt Geschenke? Im Rom der Antike war es im Dezember üblich, sich sogenannte *Saturnal*-Geschenke wie immergrüne Zweige zu überreichen. Am 25. Dezember, dem damaligen Termin der Wintersonnenwende, wurde das Fest des Sonnengottes Sol *invictus* gefeiert. Die verschiedenen populären Volksfeiern zur Wintersonnenwende wurden mit zunehmender Verbreitung des Christentums umgedeutet – das ersehnte Licht symbolisierte nun den Erlöser: Papst Liberius legte 354 n. Chr. den 25. Dezember als Geburtsfest Jesu Christi fest und damit wurde das Weihnachtsfest als kirchliches Hochfest begründet. Mit Schenken (mhd. für *geben*, *verleihen*, *ausschenken*; urspr. *Einschenken eines Getränks*) hatte Weihnachten ursprünglich aber nichts zu tun.

Weihnachten als Fest des Schenkens, wie wir es heute kennen, hat seinen Ursprung erst in der frühen Neuzeit. Zuerst brachte der hl. Nikolaus den (braven) Kindern seine Gaben oder legte sie nächtens in dafür bereitgestellte Teller, Anfang des 20. Jahrhunderts rückte das Schenkfest bei uns auf den Vorabend des Weihnachtstages. Der himmlische Gabenbringer ist seither das Christkind, das die Geschenke unter den geschmückten Christbaum legt und sofort wieder unentdeckt entwischt ... Bei den italienischsprachigen Südtirolern bringt in der Nacht vom 24. auf den 25. Dezember entweder das Christkind (Gesù bambino) oder der Weihnachtsmann (Babbo Natale) die Geschenke, das variiert je nach Familientradition.

Geschenke
Weihnachten
Verbum caro factum est.
FROHE WEIHNACHTEN

OH TANNENBAUM 1989

Warum wir Bäume ins Wohnzimmer stellen

23

DEZEMBER

JA, WEIHNACHTEN ohne einen prächtig geschmückten, mit Kerzen erleuchteten Christbaum scheint schier unvorstellbar – dabei ziert der Weihnachtsbaum noch gar nicht so lange die Südtiroler Stuben und Wohnzimmer. Ungefähr um 1840 kam der Brauch, einen Christbaum aufzustellen, nach Südtirol, es gab ihn zunächst allerdings nur in adeligen und großbürgerlichen Familien sowie in vornehmen Hotels. Der erste öffentliche Christbaum stand 1865 in Brixen, ungefähr zur gleichen Zeit führte der Innsbrucker Autor Hermann von Gilm den Lichterbaum ins Brunecker Kasino ein. Am Land und in den Seitentälern galt der Brauch noch lange als Sache der „Hearrischen" (feinen Leute), zudem hatte er protestantische Wurzeln. Erst nach dem Ersten Weltkrieg eroberte der Christbaum die bäuerlichen Stuben des Landes.
Schon in vorchristlicher Zeit war es Brauch, sich immergrüne Zweige an die Haustür zu hängen oder damit das Haus zu schmücken, sie sollten Dämonen, Hexen und Krankheiten abwehren. Im 16. Jahrhundert wurden bei Zunftumzügen in Deutschland mit Äpfeln, Nüssen und Lebkuchen verzierte *Winter-* bzw. *Weihnachtsmaien* (Zweige) verwendet, bereits 1604 stand in einem Straßburger Wohnzimmer ein Tannenbaum, geschmückt mit Oblaten, Zischgold, Äpfeln und Rosen aus vielfarbigem Papier. Von Norddeutschland aus und durch die verwandtschaftlichen Beziehungen des Adels verbreitete sich der Christbaum im 19. Jahrhundert schließlich in ganz Europa und wurde zum schmucken Eckpfeiler des Weihnachtsfests. Heute ist der geschmückte Lichterbaum weltweit das Weihnachtssymbol schlechthin.

Um ein Haar hätte es in Südtirol ein christbaumloses Weihnachtsfest gegeben. Nach dem Anschluss an Italien wollten die faschistischen Machthaber den Christbaum als „deutschen" Brauch verbieten. In Italien kannte man damals nur die Befana, die in der Nacht vom 5. auf 6. Jänner die Geschenke bringt. Eine Woche vor Weihnachten war immer noch nicht klar, ob die Südtiroler*innen einen Christbaum aufstellen durften. Schließlich wurde ihnen doch erlaubt, unter dem Lichterbaum zu feiern.

24

DEZEMBER
Heiliger Abend

Das Christkind ist da

Eine beliebte Weihnachtsmelodie der Sänger und Bläsergruppen im Alpenraum ist der Sterzinger Mettenjodler, auch Raunachtsjodler genannt. Der Mettenjodler wurde vermutlich erstmals im Jahr 1830 zur Wandlung während der Christmette in Sterzing gesungen, die Melodie geht aber möglicherweise schon auf das 15. Jahrhundert zurück. Mit anderen Volksliedern wie dem Lied „Es hat sich halt eröffnet" wurde auch dieser Jodler während der Säkularisation aus dem kirchlichen Singrepertoire verbannt und erst im 20. Jahrhundert wiederentdeckt.

IN SÜDTIROLER FAMILIEN wird die Bescherung am Vorabend des Weihnachtstages, am Heiligen Abend gefeiert – in manchen italienischen Familien erst am 25. morgens. Bis es so weit ist, gibt es aber noch einiges zu tun: Am Vormittag werden der Christbaum geholt und geschmückt, die Krippe fertig aufgebaut, die letzten Einkäufe getätigt und das Festessen vorbereitet. In vielen Kirchen wird am Nachmittag eine Kindermette gefeiert. Vor oder nach dem Essen findet im Kreis der Familie die Bescherung statt: Ist da grad das Christkind vorübergeflogen? Hat das Glöckchen geläutet? Den ganzen Nachmittag schon warten die Kinder ungeduldig auf ein Zeichen vom Christkind, lauschen, ob Geräusche aus der Stube dringen. Wie groß ist die Freude, wenn sie endlich eintreten dürfen, den erleuchteten Christbaum sehen und die Geschenke! Das ist einer jener magischen Augenblicke, dem auch wir Erwachsenen uns schwer entziehen können. Und wohl auch der Moment, den wir alljährlich heraufzubeschwören versuchen, was natürlich nicht immer gelingt. Das macht nichts: Jede Familie hat ihre ganz eigenen Rituale für den Heiligen Abend – und immer wieder kommen neue dazu.

In vielen Südtiroler Familien ist es nach wie vor üblich, im Kerzenlicht des Christbaums (kurz) zu beten oder eine Weihnachtsgeschichte vorzulesen und schließlich „Stille Nacht, heilige Nacht" zu singen. Erst dann werden die Geschenke verteilt und Tee, Punsch oder Glühwein und Kekse serviert. Um Mitternacht beziehungsweise schon um 22 oder 23 Uhr beginnt die Christmette. Wenn die Menschen dann aus der Kirche in die Winternacht hinaustreten, werden sie vielerorts von Bläsergruppen mit Weihnachtsweisen empfangen.

Früher sagte man, am Heiligen Abend sei man dreierlei Gefahren ausgesetzt: in der Früh zu *derhungern* (verhungern), abends zu *derschnölln* (platzen) und schließlich auf dem Weg zur Christmette zu *derkugeln* (ausrutschen). Der 24. Dezember war nämlich bis 1917 ein Fasttag und zugleich Fastenabbruchtag.

Am Vormittag musste – nach dem frühmorgendlichen Roratebesuch – die Stube von oben bis unten geschrubbt und das Viehfutter für die nächsten Tage vorbereitet werden, denn am Weihnachts- und Stephanitag wurden nur die allernötigsten Arbeiten verrichtet. Am frühen Nachmittag wurde in einem großen Topf Wasser erhitzt und alle nahmen ein Bad im Zuber und zogen anschließend ihr Sonntagsgewand an; die Feiertagsruhe hatte begonnen. Jetzt wurde *graacht*, also Haus und Hof mit Weihrauch und Weihwasser gesegnet, wie es heute meist nur noch am Dreikönigsabend (→ 5. Jänner) gemacht wird. Dann folgte die Bescherung: Geschenkt wurde, was gebraucht wurde, beispielsweise Stoffe, Unterwäsche oder eine Mütze, manchmal gab es eine Orange dazu.

Nicht die Bescherung, sondern die Mette war der Höhepunkt des Abends. Die Zeit bis zur Weihnachtsmette um Mitternacht wurde mit Tee und Schnaps, Karten- oder Orakelspielen vertrieben – die Heilige Nacht ist nämlich die erste der zwölf Raunächte (→ 27. Dezember) und mit besonders vielen Ängsten und Hoffnungen behaftet. So wurden früher vor und nach dem Mettengang Böller geschossen und eine Stunde lang vor der Mette sämtliche Kirchenglocken geläutet – ein Lärmritual gegen all jene Geister, die die Menschen in den „Zwölften", wie die Raunächte genannt wurden, bedrohten. Als schlechtes Omen galt es, wenn jemand Fremdes während des Heiligen Mahls oder in der Christnacht bei der Haustür hereinkam. Auf keinen Fall durfte der Bauer am Heiligen Abend gegen Mitternacht in den Stall gehen, denn in dieser Nacht sprächen die Tiere und manch einer hätte dabei ungewollt von seinem nahen Tod erfahren. Und auch die Krapfen, in Südtirol das wichtigste Gebäck am Heiligen Abend, hatten Orakelkraft – mancherorts sogar bis in 20. Jahrhundert hinein: Lief ein Mädchen dreimal mit dem Krapfen ums Haus, würde sie ihrem Zukünftigen begegnen, hieß es.

Bei Bad Ratzes, Seis ↑

Am 24. Dezember gab es früher kein Frühstück, dafür schon um 10 Uhr Mittagessen; das *Heilige Måhl*. Dabei wurden fleischlose Speisen serviert, wie Brennsuppe mit Brotbrocken, Erbsensuppe, Mus, *Kiachln* (Hefeteigkrapfen) oder mit Mohn, Kastanien bzw. *Kloatzn* (Dörrbirnen) gefüllte Krapfen. Im Pustertal wurde der Blattlstock (aufgeschichtete Krapfen mit Zuckerwasser und Schmalz) oder *Nigilan* (kugelförmige Hefekrapfen) aufgetischt, im Vinschgau *Schneamilch*. Bis 18 Uhr herrschte strenge Fleischenthaltung, danach wurde eine Fleischsuppe aufgetischt und Speisen aus kostbarem Weißmehl. Fleisch gab es erst nach der Christmette.

25

DEZEMBER
Christtag

In welchen Sprachen man sich in Südtirol mittlerweile zu Weihnachten beglückwünscht:

Frohe Weihnachten! Deutsch

Buon Natale! Italienisch

Bon Nadel! Ladinisch (Gröden)

Bun Nadé! Ladinisch (Gadertal)

Gëzuar Krishtlindjet! Albanisch

Bara Din Mubarak Ho! Pakistanisch

ديع دالبيم ديجم! / e'id milad majeed! Arabisch, Marokko

Craciun fericit! Rumänisch

Srećan Božić / Gëzuar Krishtlindjet! Serbisch / Albanisch, Kosovo

Veselé vianoce! Slowakisch

Среќен Божиќ / Streken Bozhik! Mazedonisch

Weiler Runch
in Wengen/La Val, Gadertal

Veseloho Vam Rizdva! Ukrainisch

Shubh Naya Baras! Hindi, Indien

Shuvo Naba Barsha! Bengali, Bangladesch

Merry Christmas! Englisch

¡Feliz Navidad! Spanisch

Joyeux Noël! Französisch

Chestita Choleda! Bulgarisch

Kung His Hsin Nien Bing Chun Shen Tan! Mandarin

Sretan Božić! Kroatisch

Vrolijk kerstfeest! Niederländisch

Veselé vánoce! Tschechisch

Linksmų Kalėdų! Litauisch

Wesołych Świąt! Polnisch

Der *Scherz* vom zweiten Weihnachtstag

26
DEZEMBER
Stephanstag

Pfelders, Hinterpasseiers ↑

MIT DEM ERSTEN Weihnachtstag, dem Christtag, ist die besinnliche Adventszeit offiziell vorbei. Am Gedenktag des ersten christlichen Märtyrers Stephanus fanden früher wieder die ersten Bälle statt. Für viele von uns beginnt mit Stephani erst der erholsame Part der Weihnachtszeit. Nach wie vor ist der Tag meist dem Besuchen von Verwandten und Bekannten gewidmet. Da Stephanus als großer Viehpatron gilt, werden während der Messe am Stephanstag Wasser und Salz geweiht, früher zudem Hafer und Gerste für die Pferde. Das geweihte *Stephanisålz* und das *Stephaniwåsser* werden noch heute auf den Bauernhöfen für das Vieh verwendet, vor allem beim Almauftrieb oder bei Krankheitsfällen im Stall.
In manchen Südtiroler Ortschaften ist es üblich, steinschlaggefährdete Felder mit dem *Stephaniwåsser* zu besprengen.
Der Stephanstag ist auch der traditionelle Zeltenanschneidtag. Meist wurde am Nachmittag der große Familienzelten angeschnitten, mit Butter bestrichen und in Begleitung von Schnaps genossen. Dienstboten brachten ihren Zelten, der oft als Weihnachtsgeschenk und Naturalentlohnung diente, nach Hause zur Verwandtschaft, während Ledige damit ihre Auserwählten besuchten. Der *Zeltenscherz*, der Anschnitt, war für den Liebsten reserviert; um dieses Zeltenstück wurde viel Aufheben gemacht – vom heimlichen, nächtlichen Zeltenanschneiden bis hin zum Einbacken von Nägeln. Mitunter sorgten die Burschen dafür, dass ihre Nebenbuhler erst gar nicht bis zum begehrten Mädchen vordringen konnten und beispielsweise im Brunnentrog vor dem Haus endeten …

27

DEZEMBER
Johannes

Zwölf magische Nächte

Am Johannestag wird in den Kirchen Wein geweiht. Der Johannessegen soll gegen bösen Zauber wirken, der Wein wurde zu besonderen Anlässen wie Hochzeiten getrunken.

DÄMONEN und Hexen, tierische Fratzen und die *Perchta*: Schreckliche Gestalten ziehen in den sogenannten „Zwölften" nach altem Volksglauben mit lautem Gebrüll und unter Donnergrollen durch das Land. Die Nächte zwischen dem 25. Dezember und dem 6. Jänner werden als *Raunächte* bezeichnet, diese Zeit „zwischen den Jahren" umfasst die Tage zwischen dem Ende des Sonnenjahres und jenem des Mondjahres. In den zwölf Raunächten steht das Tor zur Anderswelt und zu den Ahnen offen, heißt es. Es ist unseren Vorfahren nicht zu verdenken, dass bei ihnen in den dunklen, langen Nächten – ohne elektrisches Licht und Heizung – der Geister- und Dämonenglaube besonders ausgeprägt war. Folglich wurden allerhand Schutz- und Abwehrrituale, unter anderem das *Räuchern* (→ 5. Jänner), veranstaltet. Ursprünglich gingen in diesen Nächten die Perchten mit Fellmasken um, wovon die Bezeichnung Rau(h)nacht (*rûch*, mhd. für *haarig*; Pelzwaren nannte man früher Rauchwaren) abgeleitet sein könnte. Während draußen die „wilde Jagd" mit schrecklichen Gestalten oder die *Perchta* bzw. *Stampa* mit ihrem Heer an Hunden oder unschuldigen Kindern (insbesondere am 5. Jänner) um die Häuser tobte, gab es klare Regeln: Man durfte nicht waschen, backen oder spinnen, außerdem wurden zur Besänftigung der Geister abends Speiseopfer auf den Tisch oder die Fensterbank gestellt. Die Nähe zur Anderswelt in den Raunächten wurde aber auch genutzt, um Kontakt mit den Ahnen aufzunehmen oder durch verschiedenste Orakelpraktiken Hinweise zu erhalten, was einen in den folgenden zwölf Monaten erwarten würde.

Mundgeblasener Weihnachtsschmuck von romendesign →

ANLEITUNG

Wunschritual

Am Thomastag (21.12.) oder am 24. Dezember 13 Zettelchen vorbereiten und darauf jeweils einen Wunsch für das kommende Jahr schreiben. Die Zettelchen zusammenfalten und in eine Schüssel geben. Während der Raunächte – eine Raunacht beginnt beim Sonnenuntergang des Vorabends, die erste Raunacht ist Heiligabend – ein Zettelchen ziehen und öffnen; das erste steht für den Jänner, das zweite für den Februar usw. Den Wunsch in einer kleinen Zeremonie noch einmal gedanklich vergegenwärtigen, um ihn anschließend dem Göttlichen bzw. dem Universum zu übergeben. Dazu wird der Zettel in einer feuerfesten Schale verbrannt. Am Vorabend des 6. Jänner schließlich den 13. und letzten Zettel öffnen: Es ist jener Wunsch, den wir uns im neuen Jahr selbst erfüllen werden.

28

DEZEMBER

Unschuldige Kinder

Pusterer Wintersport-Kuriosum

IN DEN TAGEN nach Weihnachten ist auf den Südtiroler Pisten und Rodelbahnen einiges los. Aber was ist da eben vorbeigeflitzt? Eine Rodel war es nicht, auch kein Ski ... Das *Böckl* (Peckl, Rennbock, Bock) ist irgendwas dazwischen: Das eigentümliche Wintersportgerät besteht aus einer breiten Kufe und einem Sitzbrett mit seitlichen Handgriffen. Gelenkt wird mittels Verlagerung des Körpergewichts, gebremst mit den Füßen. Solche *Rennböckln* begegnen einem vor allem im Pustertal, sowohl auf der Rodelbahn als auch auf der Skipiste. Als Wiege des Böcklsports in Südtirol gilt Olang – die Gemeinde am Fuße des Kronplatzes stellte 2005 nicht nur den allerersten Rennböckl-Weltmeister, hier soll das Böckl sogar erfunden worden sein. Allerdings existieren weltweit über ein Dutzend Patente für ähnliche „Gleiter auf einer Kufe“, das älteste stammt aus den USA und dem Jahr 1914. In Olang tauchte das Böckl um 1945 auf: Es war eine günstige, selbst zusammengezimmerte Alternative zu den teuren Rodeln und insbesondere für Kinder ein praktisches Gefährt, um vom Bergbauernhof hinunter ins Dorf und in die Schule zu brettern.

Das Böcklfahren ist zwar kein Breitensport geworden, zumal das Lenken einiges an Übung abverlangt, doch das originelle Sportgerät hat vor allem im Pustertal eine eingeschworene Fangemeinde mit zahlreichen Veranstaltungen und Böckl-Vereinen. Die Bandbreite reicht vom klassischen Holzböckl bis hin zu Hightech-Modellen. Meist bestehen Böckl heute aus einem Carvingski, einem Metallgestell und einem gepolsterten Sattel.

Böckl selber machen

Mit etwas handwerklichem Geschick ist ein Böckl schnell und günstig zusammengebaut. Aber Vorsicht: Geübte Fahrer erreichen damit bis zu 100 km/h Geschwindigkeit!

- Einen alten Ski auf etwa 1–1,50 m Länge kürzen. Je länger der Ski, desto schneller das Böckl, je kürzer, desto wendiger.
- Sitzplatte aus Holz zimmern (ca. 25 cm Durchmesser).
- Vierkantholz für die Handgriffe zuschneiden, schleifen und an der Sitzplatte befestigen.
- Ein dickes Holzbrett oder einen Holzklotz zuschneiden: schmaler als der Ski, etwa so hoch wie die Entfernung zwischen Ferse und Knie. Dann als Verbindungselement zwischen Ski und Sitzfläche montieren.
- Den Ski wachsen und los geht's!

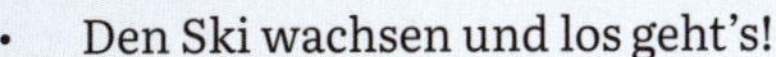

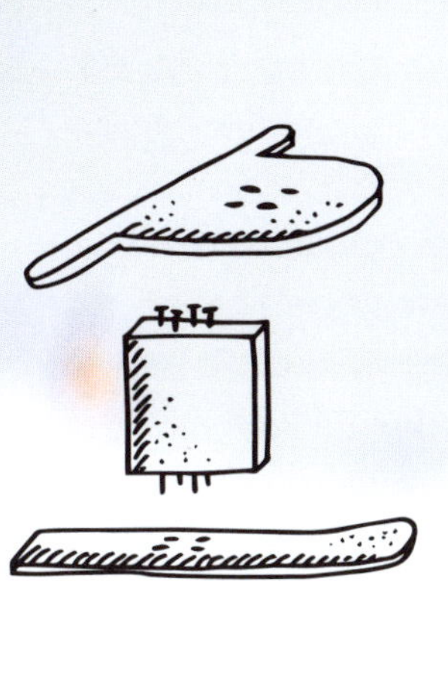

29

DEZEMBER

Fruchtige Erinnerung an Bozens Orangerien

FÜR GOETHE begann das „Land, wo die Zitronen blüh'n" am Gardasee. Dabei gediehen Zitronen und Orangen bereits in Bozen: Mitte des 19. Jahrhunderts gab es in jedem größeren Bozner Privatgarten eine Orangerie, so etwa im Toggenburg-Park, vor der Gerstburg, bei Schloss Klebenstein und bei Schloss Maretsch sowie im Garten des Barons von Giovanelli in Gries. Auch in den Parks der Altstadt blühten Zitrusbäume, beispielsweise im Franziskanergarten oder im Campofranco-Park. Vom Klostergarten des Bozner Franziskanerklosters erstreckte sich durch die heutige Vintlergasse eine rund 100 Meter lange Orangerie bis zum Gasthaus „Weißes Rössl" in der Bindergasse – vermutlich die größte Anlage der Stadt.

Die Bozner Früchte wurden bestimmt nicht ganz so süß wie ihre süditalienischen Schwestern, sie deckten aber den Eigenbedarf und zudem wurden erhebliche Mengen über den Brenner und in die nördlichen Teile der Donaumonarchie gekarrt. Als nach dem Anschluss an Italien 1919 die Einfuhrzölle wegfielen, kamen aus dem Süden billigere Zitrusfrüchte. Der lokale Anbau ging rasch zurück, zuletzt wurde auch die Gugler'sche Orangerie nahe der Talferbrücke aufgelassen. Die Reste der ehemaligen Orangerien sind mittlerweile als „geschützte Landschaftselemente von besonderem geschichtlich-kulturellem Wert" ausgewiesen, so jene im Toggenburg-Park, beim Ansitz Klebenstein und bei der Gerstburg.

Heute erinnern nur noch die weihnachtlichen Familienrezepte für Zelten mit reichlich Aranzini oder für duftenden Orangenpunsch an die einstige Bozner Agrumenkultur.

REZEPT

Mein Orangenpunsch

ZUTATEN

12 Orangen
3 Zitronen
¼ l Rum
750 g brauner Zucker
1 Stück Zimtrinde
5–7 Gewürznelken
etwas Ingwer in Scheiben

ZUBEREITUNG

Die Orangen und Zitronen auspressen, den Saft gemeinsam mit allen anderen Zutaten zusammen auf maximal 80 Grad erhitzen, nicht kochen! Mindestens eine halbe Stunde ziehen lassen, dann abseihen. Mit heißem Wasser verdünnt trinken, alternativ kann beim Erwärmen Weißwein zugefügt werden. Hält im Kühlschrank etwa 5 Tage.

Nuijohr winschen

Villnöß ↑

ZWISCHEN dem 27. Dezember und dem 6. Jänner sind im ganzen Land die Sternsinger unterwegs, verkünden die Weihnachtsbotschaft und überbringen Segenswünsche für das neue Jahr. Diese Tradition reicht auf die mittelalterlichen Dreikönigsspiele zurück und war ab dem 16. Jahrhundert ein beliebter Heischebrauch für Studierende und ärmere Bevölkerungsschichten. Als Heilige Drei Könige verkleidet konnten sie sich etwas Geld erbetteln, aber auch Schnaps, Krapfen oder andere Naturalgaben waren begehrt. In Österreich wurde der Brauch nach dem Zweiten Weltkrieg neu interpretiert; seither werden beim Sternsingen Spenden für die sogenannten Entwicklungsländer gesammelt. In Südtirol begannen die Ministranten von St. Michael / Eppan 1958 mit dem Sternsingen. Heute werden bei der landesweiten Sternsingeraktion der Katholischen Jungschar jährlich über eine Million Euro von den zahlreichen Kindern und Jugendlichen gesammelt. Die Spenden werden für karitative Projekte in der Welt eingesetzt.

An diesen Tagen ziehen aber auch die Mitglieder der ehrenamtlichen Vereine zum *Nuijohrwinschn* oder *Nuijohrowinschn* (Neujahr-Wünschen) von Haus zu Haus: Vertreter der lokalen Feuerwehr in Paradeuniform, der Schützenkompanie sowie der Musikkapelle in ihrer Tracht – häufig spielt die Böhmische auf – klopfen jeweils bei den Häusern an. Mit den Glückwünschen überbringen sie meist einen Kalender oder das Veranstaltungsprogramm für das kommende Jahr, im Gegenzug erbitten sie eine Spende für den Verein.

31

DEZEMBER
Silvester

Bleifreier Abschluss?

Der Countdown vor Mitternacht läuft, die Korken der Südtiroler Sektflaschen ploppen – beispielsweise von:

Arunda, Mölten

Haderburg, Buchholz/Salurn

Kettmeir, Kaltern

Von Braunbach, Siebeneich/Terlan

Alle Sektproduzenten Südtirols unter www.suedtirolersekt.it

RUUTSCH GUAT INNI! (Rutsch gut hinein ins neue Jahr), ruft man sich heute in Südtirol zu. In zahlreichen Kirchen werden Jahresabschlussgottesdienste bzw. Dankgottesdienste zelebriert, Junge und Junggebliebene treffen sich schon untertags und stoßen mit einem Glas *bollicine* (Sekt) an. In Bozen wird das alte Jahr sportlich beendet: Beim Silvesterlauf „BOclassic" läuft die internationale Elite neben regionalen Hobbyläufern, je nach Kategorie geht es in bis zu acht Runden durch die Altstadt zum Zieleinlauf am Weihnachtsmarkt. Der Bozner Silvesterlauf findet seit 1974 statt und war der erste Silvesterlauf Europas.

Der Silvesterabend wird besonders feierlich begangen, meist mit einem geselligen Festessen unter Freunden. Auf dem Menüplan stehen dabei häufig Fondue oder Raclette, in den italienischen Haushalten traditionell Cotechino mit Linsen; Letztere versprechen finanzielles Glück. Die Orakelbräuche der *Losnächte* (Andreas- und Thomasnacht, Heilige Nacht) haben sich im Laufe der Zeit auf die Silvesternacht verschoben. Nachdem der beliebte Zeitvertreib am Silvesterabend, das Bleigießen, durch ein EU-Gesetz verboten wurde, muss man bleifrei orakeln – die eine oder der andere ist auf Zinn oder Wachs umgestiegen. Völlig legal unter die Leute gebracht werden dürfen vorerst noch Glücksbringer wie kleeblattbestückte Marzipanschweinchen und Kaminkehrer. Auch die Böller und Leuchtraketen haben ihren Ursprung im Aberglauben unserer Vorfahren: Als Abwehrzauber gegen böse Mächte und Hexerei sollten früher Lärmumzüge, Peitschenknall und Neujahrsschießen dienen. Seit dem 19. Jahrhundert haben sich daraus die – mittlerweile ebenfalls umstrittenen – Silvesterfeuerwerke entwickelt.

Mundgeblasener Weihnachtsschmuck von romendesign ↓

1

JÄNNER
Neujahr

Wie man sich vom Beglückwünschen freikaufte

Die Karten wurden versendet oder einfach an die eigene Haustür gehängt. Eine wichtige Rolle spielte natürlich die offizielle Bekanntmachung der Kartenkäufer, beispielsweise in der Zeitung. So klärt eine Karte der Stadtgemeinde Meran von 1900 im Kleingedruckten auf: *„Die Lösung der Glückwunsch-Enthebungskarte zu Gunsten der Armen befreit von der üblichen Neujahrs-Gratulation in der Stadt Meran. Die Namen der Abnehmer der Karten werden veröffentlicht."*

OB EIN ANRUF gleich nach Mitternacht oder ein Besuch bzw. eine Nachricht am Neujahrstag – Glückwünsche zum neuen Jahr haben eine lange Tradition. Die Gepflogenheit, am Neujahrstag allen Verwandten und Bekannten höchstpersönlich seine Neujahrsglückwünsche zu überbringen, wurde in der ersten Hälfte des 19. Jahrhunderts zunehmend als Überforderung empfunden. Wer es sich leisten konnte, bediente sich stattdessen der sogenannten *Neujahrsentschuldigungskarten*, auch *Neujahrsglückwunschenthebungskarten* oder *Neujahrsgratulationsenthebungskarten* genannt. Mit dem Erwerb dieser von der Gemeinde verkauften Karten waren die Käufer*innen ihrer persönlichen Gratulationsverpflichtung enthoben.

Die ersten Neujahrsentschuldigungskarten gab 1819 das Innsbrucker Stadtmagistrat heraus (angeregt von Gouverneur Karl Graf Chotek). Rasch luden weitere Tiroler Stadtgemeinden am Jahresende zur „recht zahlreichen Abnahme" der Neujahrentschuldigungskarten ein, denn der Erlös floss in den örtlichen Armenfonds. Die Karten waren in der gesamten österreichisch-ungarischen Monarchie und in Bayern bekannt, aber besonders in Tirol verbreitet und bis in die 1930er-Jahre gebräuchlich. Von Stichen und Illustrationen reichten die Motive über Heiligenbilder bis zu Fotografien von Stadtszenen. Die Stadt Bruneck etwa brachte zwischen 1821 und 1915 mehr als 90 Entschuldigungskarten heraus.

Sterzing hat den Brauch 1983 wieder aufgenommen. Seither gestaltet jedes Jahr ein anderer lokaler Künstler die Neujahrsentschuldigungskarte, die im Rahmen der Eröffnungsfeier des Sterzinger Weihnachtsmarktes vorgestellt wird.

Neujahrs - Entschuldigungskarte
der Stadt Bruneck 1909.
Glückwunsch-Enthebungskarte
...dtgemeinde Meran für das Jahr
1 · 9 · 2 · 2

Neujahrs-Glückwunsch-Enthebungskarte
1924
Gemeinde Lana a. E.

Neujahrs-Glückwunsch-Enthebungs-Karte
der beiden Gemeinden Meran und Tyrol
Zu Gunsten der Armen
Tyrolischer Erinnerungs-Kalender für das Jahr 1909 – siehe Rückseite!

...UJAHRS-GLÜCKWUNSCH-
...NTHEBUNGS-KARTE
DER
MARKTGEMEINDE
UNTERMAIS
1909
ZU GUNSTEN DER ARMEN

CITTÀ DI MERANO
...RTA DI ESONERO
...GLI AUGURI
...CAPO D'ANNO 1926
NEUJAHRSGLÜCKWUNSCH-
ENTHEBUNGSKARTE
FÜR DAS JAHR 1926

Neujahrs-Glückwunsch-Enthebungskarte
der Stadt Meran 1918

1848
1908
Neujahrs=
Glückwunsch-Enthebungskarte
der
Stadtgemeinde Meran
1908

1914
Neujahrs=Glückwunsch-
Enthebungs=Karte
der Marktgemeinde
Untermais
zu Gunsten der Armen

Die neuerbaute städtische Schwimm- und Badeanstalt
in Bruneck.
Neujahrs-Entschuldigungs-Karte der Stadt Bruneck 190...

Die guatn Vorsätz

JÄNNER

Maridl Innerhofer

IN NUIDN JOHR WILL I
di Foto inpickn,
dr Basel Josefa
an Unsichtskort schickn,
in längst schun verwurstltn
Kellrschlissl suachn,
a bissl eftr
in Groaßvotr bsuachn
und ihm drbei holt aa
di Longweil vertreibm,
di Briaf, de i schuldig bin,
olle amol schreibm,
die Kuchl ausweißln,
di Tatln auraumen,
Marmeladn inkochn
va Marilln und Pfraumen,
in Gattr unstreichn,
die Heggn zruggschneiden,
di Messr tian a wiedr
s Wetzn drleiden …

Des olls will i tian
und es werd nit drgëibm,
obr –
I muaß jo nit gschwingg schun
zan Hudlen unhëibm!

Die guten Vorsätze

Im neuen Jahr will ich / die Fotos picken, / der Cousine Josefa / eine Postkarte schicken, / den längst verlegten / Kellerschlüssel suchen, / etwas öfter / den Großvater besuchen / und ihm dabei eben auch / die Langeweile vertreiben, / ich will die fälligen Briefe / endlich alle schreiben, / die Küche ausmalen, / die Schubladen aufräumen, / Marmeladen einkochen / von Marillen und Pflaumen, / das Gitter streichen, / die Hecken trimmen, / die Messer würden auch wieder / durch Schleifen gewinnen … // Das alles will ich tun / und es wird doch nicht langen, / aber – / ich muss ja nicht gleich schon / mit dem Hetzen anfangen!

3

JÄNNER

Besuch aus dem Orient

Die Neustifter Sternsinger sind an jedem ungeraden Jahr zwischen vier und fünf Tage lang im Dorf Neustift unterwegs, jeweils ab 14 Uhr und von Kloster Neustift ausgehend besuchen sie nach einem klaren Terminplan mehrere Familien. Der letzte Tag ist der 6. Jänner: Nachdem die Neustifter Sternsinger mit ihren von Josef Gasser sowie Martin Peintner komponierten Liedern die Pontifikalvesper am Dreikönigstag in der Stiftsbasilika mitgestaltet und die Grabstätte von Josef Gasser besucht haben, ziehen sie ein letztes Mal von Haus zu Haus.

VON KLOSTER NEUSTIFT nördlich von Brixen ausgehend schreitet an den vier Tagen vor Dreikönig sowie am Dreikönigstag eine prächtig gekleidete Dreikönigsgruppe feierlich und würdevoll still durch das Dorf, um in den Häusern singend die Botschaft der Geburt Christi zu verkünden. Die Heiligen Drei Könige Kaspar, Melchior und Balthasar werden jeweils von zwei Dienern begleitet und tragen wertvolle, orientalisch inspirierte bzw. echt orientalische Gewänder. Es sind die weitum berühmten Neustifter Sternsinger, dargestellt von Sängern des Männerchors Neustift. Die Wurzeln dieses *Dreikönigsaufzugs*, wie das Sternsingen früher genannt wurde, reichen weit zurück. Im 1142 gegründeten Kloster Neustift gab es schon früh Sängerknaben, zudem hatte das Kloster als kultureller Knotenpunkt Tirols über Jahrhunderte großen Einfluss auf die Spielkultur des Landes. Mit der kurzzeitigen Auflösung des Stifts und der Säkularisation im 19. Jahrhundert, die viele religiöse Bräuche untersagte, geriet auch das Neustifter Sternsingen in Vergessenheit.
Als Josef Gasser im Jahr 1922 Stiftskapellmeister wurde, komponierte er einige neue Lieder und reaktivierte die Tradition: 1924 zogen die Schüler der Klostersingschule erstmals wieder durch das Dorf. Als die einstigen Singknaben den Brauch nach dem Zweiten Weltkrieg wieder aufnehmen wollten, komponierte Gasser die Lieder für einen vierstimmigen Männerchor um. Heute ziehen die Neustifter Sternsinger alle zwei Jahre durch Neustift.

1

4

JÄNNER

Das kleine Himmelreich

Zum *Dreikinimåhl* (Abendessen nach dem Räuchern am 5. Jänner) wird am Ritten mancherorts noch das traditionelle *Gewoachat* serviert, auch wenn es immer mehr in Vergessenheit zu geraten scheint.

Als Kinder haben wir dieser Kalorienbombe den Beinamen *Gewiachat (wiach*, Dialekt für fettig) gegeben – kleine Stücke empfehlen sich. Doch in Zeiten schwerer körperlicher Arbeit, in denen Krapfen für die meisten rare Köstlichkeiten waren, wurde dieser Nachtisch enorm geschätzt.

DER DUFT von süßen *Kråpfen* ist vermutlich nicht der erste, der einem zur Weihnachtszeit einfällt. Für alle, die nicht selbst Krapfen backen, steht er heute eher für sommerliche Musik- oder Feuerwehrfeste. Für unsere Vorfahren hingegen waren Krapfen begehrte Meilensteine im Jahreskreis: Nur an hohen Festtagen, am Kirchtag oder zu besonderen Anlässen wie dem Almabtrieb gab es *Kråpfen* bzw. die Konsorten *Kiechl* oder *Nigilan*. Zahlreiche Bräuche ranken sich um das Schmalzgebackene: Es diente als Orakel sowie Opferspeise für die Ahnen zu Allerheiligen oder die wilden Gestalten der Raunächte und war für die ärmere Bevölkerung das Ziel winterlicher Heischegänge, etwa beim Klöckeln. Obendrein fungierten das zarte Gebäck als Botschafter; durch das *Krapflngian* (der/dem Liebsten Krapfen bringen) zeigte man Zuneigung, zu Lichtmess definierte ein *Türnågel*-Krapfen (Weiterführung) oder ein *Fersenknüppel* (Kündigung) das Arbeitsverhältnis der Dienstboten.

Die Südtiroler Krapfen-Landschaft ist vielfältig: Nicht nur die Form, auch die Zutaten variieren – insbesondere die Füllung verdeutlicht, was im jeweiligen Ort oder Tal gedeiht bzw. gedieh. Die Bandbreite reicht von Teigen mit Weizenmehl über sauren Roggenteig bis hin zu gezogenem Germteig, die Krapfen bleiben leer oder sind mit Zwetschgen- oder Marillenmarmelade, Mohn, *Kloatzn* (Dörrbirnen), Blaubeeren mit Topfen, Kastanien oder Honig gefüllt. Allesamt hochgeschätzte Kost: In der Gegend von Brixen bezeichnete man die honiggefüllten Krapfen, die am Heiligen Abend serviert wurden, bis zum Ersten Weltkrieg gar als „kleines Himmelreich“.

Rittner *Gewoachat* (eingeweichte Krapfen)

Von meiner Nachbarin Anna Mair (Rauchhof, Unterinn/Ritten)

FÜR DEN KRAPFENTEIG

500 g Weizenmehl
50 g zerlassene Butter
2 Eier
1 Prise Salz
100 ml lauwarme Milch

FÜR DIE FÜLLE

300 g Kloatzen (Dörrbirnen)
100–150 g Zwetschgenmarmelade
etwas Zimt
ein wenig Nelkenpulver
Rum
Zucker

ZUM ANRICHTEN

Erdnussöl zum Backen
50–100 g Mohn (je nach Geschmack)
50–100 g Zucker (je nach Geschmack)
250 ml Milch
2 EL Honig
ca. 50 g Butter

Alle Zutaten für den Krapfenteig vermischen und gut durchkneten, bis er einen feinen Glanz hat. 1–2 Stunden ruhen lassen.
Für die Fülle die Kloatzen 15 Minuten kochen, abseihen und durch den Fleischwolf treiben (bzw. mixen). Mit den übrigen Zutaten abschmecken und zu einer streichfähigen Marmelade verrühren.
Den Krapfenteig sehr dünn auswalken, auf die Hälfte des Teigblatts die Fülle ausstreichen und mit der anderen Hälfte bedecken. Kleine (ungefähr 5 x 5 cm) Krapfen abradeln, die Teigränder gut andrücken und im heißen Öl hellbraun backen.
In eine mittelgroße Rein eine Schicht Krapfen legen, mit der Mischung aus Mohn und Zucker bestreuen, wiederholen, bis die Krapfen fertig sind, und mit Mohn und Zucker abschließen.
Die Milch erwärmen, den Honig darin auflösen und über die Krapfen gießen, bis diese feucht sind, alles mit brauner Butter übergießen und ein wenig ziehen lassen (die Krapfen schwimmen anfangs fast, aber ziehen die Feuchtigkeit ein).
Dann in kleinen Portionen (wie Tiramisu) servieren.
Die Krapfen können gut am Vortag vorbereitet und gebacken werden.

TIPP

Unbedingt einen Schuss Schnaps oder Rum in den Teig geben – das sorgt dafür, dass die Krapfen beim Ausbacken weniger Fett aufnehmen.

5

JÄNNER

Raachn gian

Traditionell wurde auf Bauernhöfen dreimal *graacht*: am Heiligen Abend, zu Silvester und am Dreikönigsabend, in manchen Ortschaften nur am Dreikönigsabend. Heute findet der Brauch in den meisten Familien – wenn überhaupt – nur noch am Vorabend zu Dreikönig statt. Dafür entdecken gerade viele die Raunächte (→ 27. Dezember) wieder neu und zelebrieren in den „Zwölften" vom 25. Dezember bis zum 6. Jänner auch Räucherrituale.

DER ABEND VOR Dreikönig gilt als die zweite Heilige Nacht, Perchtennacht und wichtigste *Raunacht*. Nach Anbruch der Dunkelheit versammeln sich alle Hausbewohner in der Küche; beim *Raachngian* (Räuchern) sollte niemand fehlen. Räuchern ist ein uraltes Ritual, das vor bösen Geistern, Unglück und Krankheit schützen und uns mit dem Göttlichen verbinden will. Eine alte Pfanne wird mit Holzkohlenglut gefüllt und darüber werden Weihrauchkörner gestreut und je nach Region oder Anliegen verschiedene Kräuter, Meisterwurz oder Wacholderbeeren. Dann ziehen die Hausbewohner durch das Haus, zum Vieh in den Stall, in die Nebengebäude, zum Backofen, Brunnentrog und auf die umliegenden Felder oder Weinberge.

Der *Raachr* mit dem Räuchergefäß geht voraus und hüllt die einzelnen Räume in wohlriechende Rauchschwaden, eine Person im Gefolge betet den Rosenkranz vor, eine andere segnet die Räume und Kulturgründe, aber auch Gerätschaften und Autos mit dem geweihten *Kiniwåsser* (Dreikönigswasser). An die Eingangstüren werden mit geweihter Kreide die Jahreszahl und die Buchstaben „C+M+B" geschrieben, was für den lateinischen Segensspruch *Christus mansionem benedicat* (Christus segne dieses Haus) steht. Abschließend halten die Hausbewohner einzeln ihr Gesicht über das Rauchgefäß und atmen den segenbringenden Rauch ein. Früher wurden dabei die Hüte hoch über die Rauchpfanne gehalten, – je höher, umso mehr Roggen, hieß es – und rasch wieder aufgesetzt. Nach dem *Kiniraachn* gibt es ein üppiges Festessen, das früher reichliche Nahrung für das kommende Jahr garantieren sollte und schon vor dem Räuchern auf den Tisch gestellt wurde. Vielerorts gab es Würste und Kraut – am Ritten und im Sarntal das *Gewoachat* (→ 4. Jänner).

Weingut Manincor in Kaltern ↑ Balgsteinhof im Sarntal ↓

6

JÄNNER
Dreikönig

Das königliche Finale

DIE HEILIGEN DREI KÖNIGE

In den Schriften werden sie anfangs recht neutral als „Magier aus dem Morgenland" bezeichnet, danach (vermutlich als Folge der drei Gaben) auf drei reduziert und mit symbolträchtigen Namen versehen: „Caspar" – Persisch für „Schatzträger", „Melchior" – Hebräisch für „Lichtkönig", Balthasar – Babylonisch für „Gottesschutz". Zudem stehen sie für die drei Lebensalter Jüngling, Mann und Greis und die drei damals bekannten Erdteile. Die Heiligen Drei Könige werden erst ab dem 9. Jahrhundert als Könige dargestellt; formell heiliggesprochen wurden sie nie. Die starke Verehrung der Heiligen Drei Könige in Europa begann nach der Überführung ihrer Reliquien von Mailand nach Köln im Jahr 1164. Sie galten als Schutzpatrone der Adeligen, heute halten sie ihre schützenden Hände über Reisende und Gastwirte.

AB NEUJAHR rücken die Figuren der Heiligen Drei Könige, die dem Stern von Bethlehem folgen, in den Krippenlandschaften immer näher an den Stall, am Sechsten treffen sie beim neugeborenen Christuskind ein. Das kirchliche Hochfest der *Epiphanie*, der Erscheinung des Herrn, steht für die offizielle Anerkennung Jesu als Gottes Sohn. An diesem Tag wurde Jesus dem Neuen Testament zufolge von den sogenannten Heiligen Drei Königen, den Weisen aus dem Morgenland, angebetet und mit Weihrauch, Myrrhe und Gold beschenkt sowie durch Johannes den Täufer im Jordan getauft, was am Sonntag nach Dreikönig gefeiert wird. In italienischen Familien kommt in der Nacht vom 5. auf den 6. Jänner die *Befana* und bringt den Kindern Geschenke. Der Legende nach soll die gute Hexe zwar von der Geburt Christi gehört, aber sich verspätet und den Stern verpasst haben. Die *Befana* kann freilich auch sehr böse werden, dann weist sie deutliche Parallelen zur alpenländischen *Perchta* bzw. *Stampa* auf.
Beim Gottesdienst am Dreikönigsvorabend oder am Dreikönigstag werden das Taufwasser sowie das *Dreikiniwåsser* (Dreikönigswasser) und das *Dreikinisålz* (Dreikönigssalz) geweiht. Letztere gelten als besonders wirksame Mittel gegen Unwetter und stärkend für das Vieh. Früher war der Dreikönigstag ein beliebter Tag, um *Krippele schaugn* zu gehen.
Liturgisch schließt sich der Weihnachtsfestkreis am Sonntag nach Dreikönig (Taufe des Herrn), früher standen die Krippen oft bis Maria Lichtmess (2. Februar) – dem einstigen Ende der Weihnachtszeit – in den Stuben. Heute werden Christbaum und Krippe meist schon am Abend des 6. Jänner oder in den folgenden Tagen weggeräumt. Auch die Christkindlmärkte im Land schließen am Sechsten ihre Stände und damit ist die Weihnachtszeit in Südtirol offiziell vorbei.

20-C+M+B 20

LITERATUR

Fink, Hans: In die Seele des Volkes schauen: Brauchtum, Sagenhaftes und Kurioses in Südtirol. Vahrn: Suedmedia 2003

Holzmann, Hermann: Weihnacht am Tiroler Bergbauernhof. Graz: Verlag für Sammler 1979

Innerhofer, Maridl: A Liacht in dr Nocht: Gedichte zur Weihnachtszeit. Bozen: Verlag Südtiroler Autoren 1991

Kriechbaum, Reinhard: Tannenbaum und Bohnenkönig. Geschichten und Bräuche rund um Advent und Weihnachten. Salzburg: Verlag Anton Pustet 2018

Mang, Hermann: Unsere Weihnacht. Volksbrauch und Kunst in Tirol. Innsbruck: Tyrolia 1927

Reiter, Martin: Tiroler Bergweihnacht. Brauchtum, Hirtenspiele, Lieder, Texte, Gedichte und Rezepte für Advent und Weihnachten. Reith im Alpbachtal: Edition Tirol 2000

Rizzolli, Helmut: Bozner Eigenheiten. Stadt und Dorf, in: WIR Die Bezirkszeitung im Überetsch und Unterland, Nr. 12 vom 9.12.2015, S. 28–29

Tappeiner, Jutta / Grießmair, Hans: Lebendige Bräuche in Südtirol. Bozen: Athesia 2019 (2. überarb. Auflage)

Vossen, Rüdiger: Weihnachtsbräuche in aller Welt. Von Martini bis Lichtmess. Hamburg: Ellert & Richter 2012

Wolf, Helga Maria / Forcher, Sepp: Verschwundene Bräuche. Das Buch der untergegangenen Rituale. Wien: Brandstätter 2015

Wolf, Helga Maria: Weihnachten. Kultur und Geschichte. Wien/Köln/Weimar: Böhlau 2005

BILDNACHWEIS

Alta Badia, Foto: Freddy Planinschek: S. 84–85
Arbeitsgemeinschaft Volkstanz in Südtirol: S. 9
Backificio, Lana: S. 49
Blickle, Frieder: S. 68, 69
Emi Massmer Emotions: S. 41 (großes Bild), 109
IDM Südtirol, Foto: Frieder Blickle: S. 26
Kompatscher, Anneliese: S. 67
Kottersteger, Manuel: S. 91
Lafogler, Marion: S. 12, 13, 15 (großes Bild), 38, 47, 50, 59, 61, 81; 105
Lercher, Albin – Innichen: S. 6–7, 110
Live-Style Agency: S. 31
Lobis, Marlene – Privatsammlung: S. 15 (kleines Bild), 41 (Stern, Brief), 76 (Mitte rechts), 83, 111
Manincor, Weingut: S. 106
Manfreda, Dipl. Ing. Josef – Privatarchiv: Vorsatzblätter innen, S. 2, 53
mauritius images / Cavan Images: S. 19
Musikkapelle Villnöß: S. 94
Neustifter Sternsinger, Archiv: S. 103
Nigglasspiele Prags, Archiv: S. 34–35
Pfitscher, Benjamin: S. 16
Pngwing.com: S. 71
Rier, Norbert: S. 21, 82
romendesign – Foto: Marius Romen: S. 89, 97 (mundgeblasener Weihnachtsschmuck)
Roter Hahn, www.roterhahn.it, Foto: Frieder Blickle: S. 37, 63, 64, 75
Schullian, Gärtnerei – Foto: Oliver Jaist: S. 11
Seehauser, Othmar: S. 23, 25, 33, 42, 44–45, 55, 56–57, 107
Shutterstock: S. 29, 77 (oben links), 93
Stadtarchiv Bruneck, Nachlass Hubert Stemberger, Mappe 22: S. 99 (oben links und unten rechts)
Thuile, Paul: S. 78
Tiroler Landesmuseum Ferdinandeum, Bibliothek: S. 77 (oben rechts, Mitte links, unten links)
Touriseum – Südtiroler Landesmuseum für Tourismus, Meran: S. 99 (alle außer oben links und unten rechts)
Tourismusverein Passeiertal, Foto: Frieder Blickle: S. 86, 100
VIEÜ – social ventures: S. 77 (unten rechts)

Die Autorin

Marlene Lobis, geboren 1986, aufgewachsen auf einem Rittner Bauernhof, Studium der Publizistik und Kommunikationswissenschaften in Wien. Bunte Weihnachtsbeleuchtung war der Autorin schon immer ein Graus, dafür stellt sie im Advent sämtliche Thun-Engel und anderweitigen Engelsfiguren auf, die der Dachboden hergibt. So richtig Weihnachten ist für Marlene erst am Heiligen Abend, wenn sie im Kerzenlicht des Christbaums gemeinsam mit ihrer Familie versucht, halbwegs harmonisch „Stille Nacht, heilige Nacht" zu singen.

Gedruckt mit freundlicher Unterstützung der Abteilung Deutsche Kultur der Autonomen Provinz Bozen – Südtirol

Wir danken herzlich allen Museen, Archiven, Vereinen sowie Privatpersonen, die uns großzügig Bildmaterial zur Verfügung gestellt haben.

Unser ganz besonderer Dank geht an Ursula Stampfer: Sie hat uns die Idee und viele Anregungen zu diesem Buch geliefert.

Texte von Josef Oberhollenzer mit freundlicher Genehmigung des Autors.
Text von Maridl Innerhofer mit freundlicher Genehmigung von Reinhard Wetzel.
Die Krippenfiguren auf den Vorsatzblättern sowie auf den Seiten 2 und 53 stammen von Prof. Josef Manfreda (1890–1967). Wir danken Dipl. Ing. Josef Manfreda für die freundliche Genehmigung zum Abdruck.

1. Auflage 2022

Lektorat: Hermann Gummerer
Korrektur: Joe Rabl
Grafik, Illustrationen und Umbruch:
no.parking, Vicenza
Prepress: Typoplus, Frangart
Printed in Europe
ISBN 978-3-85256-867-6
www.folioverlag.com

Krippe selber machen: Seite heraustrennen oder kopieren, auf einen dünnen Karton kleben und Krippenfiguren ausschneiden.